MULHERES MODERNAS,

DILEMAS MODERNOS

Aos nossos parceiros de vida e amor,

Aos nossos filhos,

Aos profissionais e empresas que têm atitude em prol da equidade de gêneros.

Joyce Moysés
Claudio Henrique dos Santos

Mulheres modernas, dilemas modernos

E como os homens podem participar (de verdade)

BIZ
PRIMAVERA
EDITORIAL

Sumário

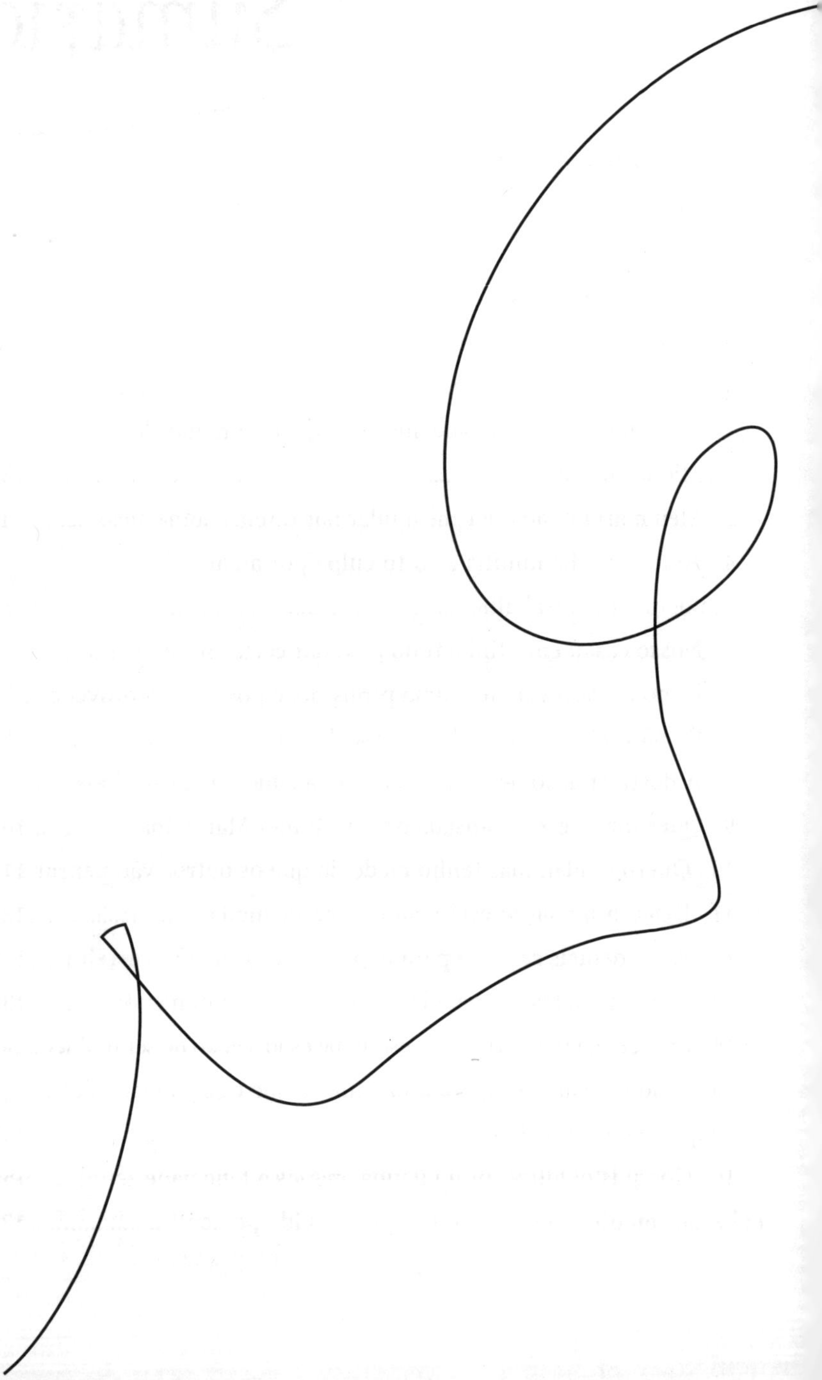

Prefácio

Cecília Russo Troiano

Que alegria e privilégio ser convidada para escrever o prefácio deste livro. Nada mais urgente e contemporâneo do que refletir sobre como homens e mulheres estão administrando suas vidas de equilibristas, ainda mais estimulados por dois experts no tema, Joyce e Claudio.

Nesse bate-bola entre duas pessoas inteligentes, humildes, francas e inspiradoras, os autores nos presenteiam com histórias de vida, erros e acertos, sorrisos e lágrimas. Acima de tudo, suas narrativas mostram uma vida de verdade, com todos os tons de tinta. Vida de quem tem coragem para mudar, experimentar e sonhar. Vida vivida por inteiro.

A troca de ideias entre Joyce e Claudio ganha mais sentido ainda no momento atual, em que as mulheres acumulam conquistas e têm a confiança de que podem ser bem-sucedidas na vida profissional. Entretanto, ainda sentem culpa (menos do que no passado, mas ela ainda insiste em incomodar) por acharem que não dão conta de tudo, especialmente do que diz respeito ao tradicional papel feminino.

Escassez de tempo para curtir a família e sensação constante de débito no gerenciamento da rotina dos filhos são fantasmas persistentes, que certamente tumultuam a mente de tantas mulheres e as impedem de estar de corpo e alma naquilo que fazem pela própria carreira. “No trabalho, você pensa nas crianças que deixou em casa. Em casa, você pensa no trabalho que ficou inacabado” – essa frase, bem-sacada, proferida certa vez pela ex-Primeira Ministra de Israel, Golda Meir, expressa muito bem esse sentimento de ter o coração dividido, quando não precisa ser assim.

Boa parte das mães equilibristas enfrenta o dilema da conciliação de papéis, mas este livro acena com experiências de vida as quais mostram que isso pode melhorar. Uma das mensagens principais: para essa mulher tocar a vida profissional em paz, e crescer, é fundamental o apoio de quem a rodeia. Melhor ainda se esse apoio vier de dentro de casa. O ganha-ganha é a regra do jogo, para ele, para ela e especialmente para os filhos.

Não é fácil ser mulher, concordo com Claudio. Também não é fácil ser homem nos dias atuais. Se não está fácil para ambos os lados, imagine como isso se amplifica nos casais! Parece que há um desencontro amoroso geral e irrestrito, alimentado pela correria da vida contemporânea. Descompasso virou a marca dos relacionamentos, e o conflito tem sido inevitável em vários casos. Estamos mais batendo cabeças do que dando as mãos.

Joyce e Claudio nos proporcionam uma viagem ao novo mundo das dinâmicas que envolvem vida pessoal e profissional. Jornada sem referências no passado, sem formatos preestabelecidos, e que exige de todos nós boa dose de autoconhecimento, um mix de flexibilidade com criatividade e maior tolerância ao risco. Tudo isso com um pouco mais de leveza – como é o tom deste livro, por favor!

Nessa nova cultura dos relacionamentos, vale a busca da solução mais inteligente para *aquele* casal, um arranjo que explore as potencialidades de cada um e que seja customizado conforme o momento. Lavar louças, prover a família, passar aspirador, arrumar a cama, cozinhar, levar filhos ao médico...

Nenhuma dessas atividades mais têm gênero. Um lado pode trabalhar mais fora de casa, e o outro assumir (não é ajuda!) mais responsabilidades domésticas e familiares. Alguém pode ganhar mais e, vendo o dinheiro como meio, ambos partilharem as receitas em nome dos objetivos familiares, que tal?

É difícil imaginar todas as equações possíveis, mas sugiro ter disposição para pôr as cartas na mesa. Acordos com regras claras e aceitas *a priori* não machucam e nem desgastam o que um dia uniu os celebrantes do contrato. Pelo contrário. Quando esse pacto contratual não é quebrado, as relações se revigoram e refletem positivamente, inclusive na carreira e nos sonhos de cada um. A renovação dos compromissos oxigena o vínculo.

Ao que tudo indica, não faltou oxigênio para os autores e seus pares. O que está em jogo é um modelo de contrato que projeta benefícios futuros para o casal e seus filhos. Pelas narrativas de Joyce e Claudio, não há dúvidas de que eles vêm agindo assim e já começaram a colher os frutos de suas decisões de vida.

É curioso que tais arranjos assumam formas aparentemente inviáveis à primeira vista. Funcionam bem quando se apoiam num mix de compreensão com interesse comum de construir uma vida familiar e profissional feliz, não perfeita. Eis o que Joyce e Claudio nos trazem de mais precioso: o alerta para baixarmos a guarda da perfeição.

Significa fazer escolhas. E não há como escolher e não sofrer perdas. Mas isso faz parte do novo equilíbrio, só precisamos olhar com um viés positivo. Como fizeram Claudio e Joyce. Como fizemos meu marido e eu. Há 25 anos equilibramos uma família linda e gerenciamos uma empresa própria. Encontramos nosso *modus operandi* em casa e no trabalho, onde nossos papéis se complementam. Sinto que juntos crescemos como casal, pais e sócios. Mas longe da perfeição, com certeza. Não existem casais de Power Point.

Joyce e Claudio nos dão um alento ao mostrar que talvez tenha chegado a hora de enxergarmos novas formas de alcançar afeto e sucesso. Nas quais ambos são provedores, cuidadores, educadores, profissionais talentosos com algo diferente a ensinar sobre gêneros para as próximas gerações. Nesse processo, estamos apenas no fim do começo.

Com os seus parceiros, os autores aprenderam a viver harmonicamente nesse novo cenário provocado pela revolução feminina no mercado de trabalho, mesmo diante das instabilidades dos fatos, da geografia, das expectativas sociais e culturais. E não sejamos inocentes. Tais mudanças cobraram desses casais habilidades de paciência, persistência e ousadia – todas temperadas com amor!

Obrigada Claudio e Joyce pelas respostas bem-humoradas, transparentes e corajosas. Por abrirem a porta de suas casas e nos convidarem a entrar para refletir sobre como (re)criar novos arranjos equilibristas entre os casais. Realmente tudo fica melhor se acompanhado de uma boa taça de vinho. Tim-tim!

Cecília Russo Troiano é psicóloga, expert em comportamento do consumidor e COO da Troiano Branding. Mestre em Women's and Gender Studies pela Georgia State University, Atlanta, EUA. Autora dos livros Vida de equilibrista: dores e delicias da mãe que trabalha *e* Aprendiz de equilibrista: como ensinar os filhos a conciliar família e carreira, *e está prestes a lançar a terceira obra, sobre o futuro equilibrismo das universitárias com relação à carreira e à vida pessoal. Também colunista dos veículos* Pais & Filhos, The Little Pink Book *(EUA) e* Portal Vila Mulher.

Prefácio

Reinaldo Bulgarelli

Você tem um livro maravilhoso em mãos. Claudio e Joyce tratam de temas atuais e de grande interesse para homens e mulheres, que estão vivendo mais intensamente uma reinvenção na maneira de se relacionar.

Essa reinvenção se faz necessária onde quer que encontremos o desafio de ser homem e mulher num tempo de mudanças rápidas e profundas. E abrange não apenas a relação entre marido e mulher, mas entre pais e filhos, irmãos, amigos, professores e alunos, patrões e empregados.

A tecnologia, por exemplo, está transformando as relações de uma forma delicada. As máquinas nas fábricas e nos escritórios exigem competências que já não dependem mais de músculos. Com mais anos de escolaridade que os homens, deixou de ser raro encontrar mulheres em posições de liderança no mercado de trabalho e em atividades antes realizadas por homens. Está feito o estrago quando atribuímos a elas delicadeza e obediência; enquanto a eles, força bruta e poder.

Como evitar esse descompasso na vida de ambos, quando viramos de cabeça para baixo conceitos que pareciam tão consolidados?

O convite deste livro é libertador. O que não faz mais sentido deve ser abandonado, para que sejamos homens e mulheres mais felizes. Livres para sermos o que quisermos ser, para além do que nos ensinam sobre o que cabe a um homem e o que cabe a uma mulher. Esses limites, invisíveis e tão presentes, precisam ser questionados.

Imagine um casamento acabar porque alguém não soube lidar com o fato de a mulher ganhar mais do que o homem. Imagine você ter sido educada para se casar com um provedor e se apaixonar por um homem que foi educado para ser um parceiro. Imagine ficar sem respostas diante de um filho que questiona, na prática, ensinamentos conservadores sobre usar azul ou rosa, brincar de carrinho ou boneca.

Os diálogos presentes neste livro também são libertadores, pois não sugerem uma adaptação a uma realidade que outros criaram. Não é algo do tipo: "O mundo mudou, você não percebeu e aqui está um atalho para entrar no século XXI". O convite é para você repensar e participar ativamente da construção da sua própria história. Se está distraído ou distraída, vai receber umas cutucadas bem interessantes. Se está em momento de angústia e buscando caminhos, poderá aproveitar as reflexões e a maneira simples como Claudio e Joyce falam de suas rotinas e dilemas para se posicionar, realizar escolhas e tomar novo rumo.

Não dá para ficar indiferente ao livro. Ele se posiciona, diz com todas as letras que a reinvenção está em curso e que a igualdade entre homens e mulheres mora num cotidiano que precisa ser construído em novas bases. Quem paga a conta? Quem vai lavar ou mandar lavar a roupa? Quem vai focar mais na carreira? E agora?

Cada dilema que os autores abordam faz um mundo estremecer. O mundo do machismo, nosso inimigo comum, ainda tão presente em nossa sociedade. Está claro que o homem não é o inimigo da mulher, embora ele seja o beneficiário aparente dessa ideologia que o coloca como superior, o que nasceu para governar. Mas o machismo, denunciado dentro da gente e à nossa volta, precisa ser combatido. Por homens e mulheres.

De maneira direta, o machismo é aqui enfrentado. E a igualdade entre homens e mulheres é proposta a cada tema, dilema, pista de solução que essa dupla apresenta para vivermos melhor. O gostoso do livro é que ambos compartilham vivências, posturas, escolhas que fizeram, com todas as implicações e todas as responsabilidades, mas também com todos os sinais de que são mais felizes sendo como são.

E as estruturas? Como esse repensar e a reinvenção das relações entre homens e mulheres estão sendo vivenciados no mercado de trabalho e também na casa, na família, na escola, no bairro, nos locais de consumo, nos hospitais, nas políticas públicas, nas políticas das empresas e no seu relacionamento com diferentes públicos? Será que essas estruturas, como as empresas, estão se dando conta das mudanças em curso e participando delas? Ou ainda acham que só os homens "nasceram" para comandar? Por quanto tempo ainda farão comerciais com as mulheres esfregando o chão e sendo observadas pelo marido e pelo filho, ambos de braços cruzados?

Tomara que esse diálogo seja bastante divulgado no ambiente de trabalho, porque a reinvenção vai precisar que os rituais, as regras, as etiquetas e as estruturas, enfim, sejam mais equilibrados. Se por um lado as mulheres rumaram para as empresas e conquistaram seu espaço, os homens ainda não rumaram tão fortemente para o lar, com tudo o que ele significa na vida de todos.

Por isso, há um descompasso. As mulheres foram as primeiras a denunciar o machismo porque estavam e estão entrando em um mundo feito por homens, com homens e para os homens. Há poucos entrando na casa, um lugar feito por homens para as mulheres habitarem, uma espécie de prisão porque não supunha escolha. Hoje, tanto a empresa quanto a casa podem ser escolhidas. Não são mais uma sina.

A grande novidade do diálogo deste livro é que ele se dá entre um homem e uma mulher. Se vamos falar de gênero, precisamos dos dois. Se há um problema com a mulher, há um problema com o homem, há uma questão na relação entre eles, e é nisso que mora também a solução.

A participação do homem no enfrentamento do machismo e na construção de relações mais igualitárias não pode ser uma estratégia. É um princípio. O inimigo comum aos dois precisa ser enfrentado também pelos dois. Sim, o inimigo não é o homem, o privilegiado aparente pelas relações na qual é tido como o superior. O inimigo é o machismo, e ele anda pelas cabeças e pelas práticas de homens e mulheres.

O livro é expressão desta proposta, na qual homens e mulheres são vistos em suas singularidades, mas sem que as características que possam ser atribuídas a eles ou a elas se transformem em motivo para desigualdades injustas, vulnerabilidades, exclusões e violências.

Os homens que querem parecer moderninhos dizem que ajudam a mulher na casa, como se fosse hábitat apenas delas. As mulheres que querem parecer moderninhas dizem que os homens ajudam na causa, como se essa causa da igualdade entre homens e mulheres não fosse do interesse deles também.

Este livro rompe com isso. Estamos ou deveríamos estar juntos nessa reinvenção das nossas relações.

A abordagem moderna destas páginas com relação às questões de gênero abre as portas para novos questionamentos que se fazem necessários. E os casais das classes populares? E as questões étnicas? E os mais jovens? E os casais homossexuais? E as pessoas trans, travestis e transexuais? E os lugares do nosso Brasil ou do mundo, com diferentes hábitos, costumes e comportamentos? O que mais precisa ser pensado ou quem mais precisa ser convidado para este diálogo? O livro serve de inspiração para que todos possam contar com desprendimento suas histórias, compartilhar suas reflexões e suas experiências.

Que privilégio, enfim, escrever este prefácio. Aprendi muito com Joyce e Claudio e espero que você também se delicie com esta leitura. Leve o livro para muitos lugares, apresente-o, como estou fazendo aqui, para mais pessoas. Tomara que também gostem de saber que existe gente como eles, com vivências que podem dar novas referências de como participar nesta esperada, desejada e necessária reinvenção das relações de gênero.

Reinaldo Bulgarelli, educador, sócio-diretor da Txai Consultoria e Educação, empresa que atua na área de sustentabilidade, responsabilidade social empresarial e valorização da diversidade.

Introdução

Neste livro, você terá a visão masculina sobre questões femininas bastante atuais, como: ver-se ganhando mais do que muitos homens, precisando delegar cuidados da casa e de filhos ao marido, sentindo falta de vida pessoal porque a profissional está exigindo quase todo seu tempo e energia! Trata-se de um homem que acredita que a ala masculina precisa ajudar essa nova mulher, tanto emocionalmente quanto lavando louça e passando o aspirador na casa. Por que não?

O autor Claudio Henrique dos Santos é o macho do século XXI, um ex-executivo que assumiu ser dono de casa para apoiar a esposa executiva. Além de ser um homem com coragem e maturidade suficiente para abrir suas sinceras emoções em relação às mudanças no comportamento dos gêneros.

Neste livro, você também terá uma visão feminina de quem procura com afinco manter um equilíbrio possível entre seus vários papéis: de mulher, mãe, profissional, filha, esposa, eterna namorada do marido, amiga, irmã. Trata-se de uma mulher que defende ser importante buscar o máximo de felicidade nos vários aspectos da vida, incluindo a carreira – e não exclusivamente nela, por acreditar que traz muita realização, mas não substitui todo o resto. Além disso, sabe que o papel profissional não é para sempre – ele é meio, e não fim.

A autora Joyce Moysés é como muitas mulheres de sucesso que também querem poder... muitas coisas, inclusive amar. Jornalista e estudiosa do desenvolvimento pessoal e profissional feminino, entrevista mulheres e especialistas desde 1987. Portanto, tem o histórico dessa evolução. Depois de liderar equipes em revistas femininas importantes, tendo hora para entrar nas redações diariamente e nunca para sair, empreende na empresa de conteúdo com o marido, também jornalista, e batalha para tornar o filho um homem do século XXI.

Pois bem, os dois autores leram o primeiro livro um do outro, concluíram que traziam reflexões complementares e promoveram um encontro por escrito, em que pudessem colaborar com sua visão e experiências profissionais e afetivas. Desenvolvido a quatro mãos, mesmo com os dois morando em países distantes, este segundo livro de ambos mostrou-se um desafio estimulante. Tão estimulante quanto estão sendo:

A sua batalha para subir na carreira.
As novas demandas da maternidade e da paternidade.
O peso do dinheiro de cada um dentro de casa.
As tentativas de alinhar as expectativas individuais com as de casal.
As mudanças que exigem coragem e desapego de tradições.
O resgate da essência feminina e a repaginação da masculina.
E muito mais!

As dezesseis discussões que os autores trazem aqui poderão inspirar as mulheres de hoje, tanto as solteiras quanto as casadas, e também os homens. Isso mesmo – pois tudo o que acontece com elas interfere direta e indiretamente na vida deles.

Do marido, do namorado, do filho, do pai, do "namorido" (sim, uma figura contemporânea, dentro das várias possibilidades de parceiro amoroso), do paquera. Vale a pena entender essas mudanças provocadas nos últimos anos em decorrência da ascensão feminina no mercado de trabalho. Então, os homens são muito bem-vindos neste livro!

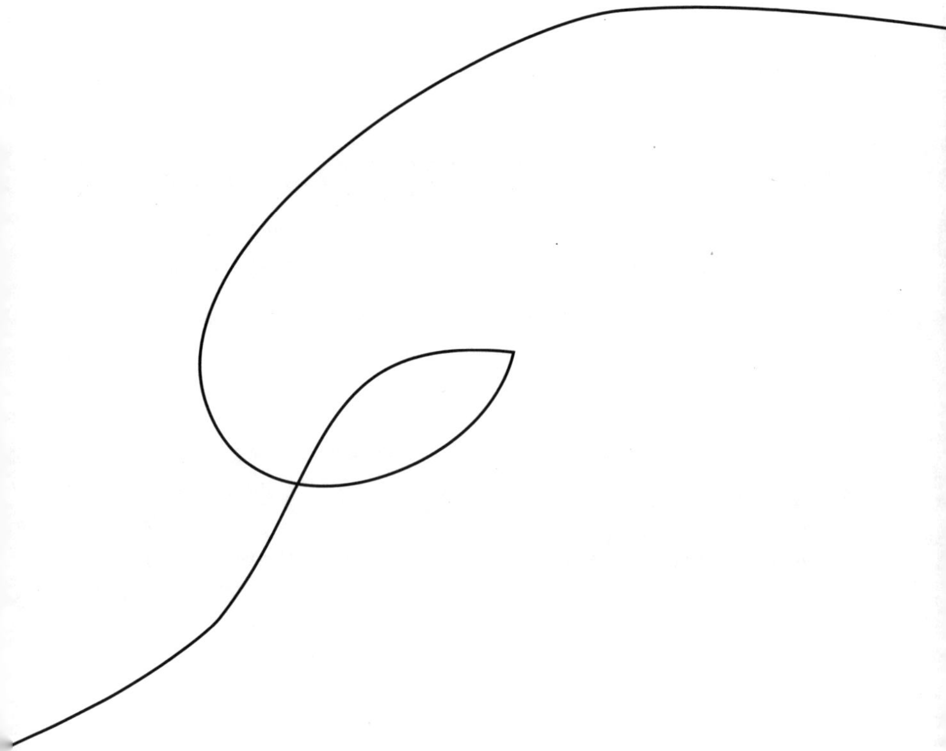

Por que "casamos" nossos dilemas

Hoje, a mulher não precisa de um homem para (quase) mais nada. Não é mais preciso casar para gerar filhos, nem para manter uma vida sexual ativa. A mulher moderna possui uma carreira e também não precisa mais de um provedor. Em vários casos, ela inclusive já ganha mais do que ele (ou vai chegar lá). E os planos de previdência privada estão aí para ajudar a planejar seu futuro.

Não existe mais razão para encarar os desafios de uma vida em conjunto que não seja ter um projeto em comum, com alguém que ama. Mas é claro que isso demanda um alinhamento de objetivos com o parceiro escolhido, a fim de aumentar as chances de sucesso, criar vínculo, querer seguir adiante, e valer a pena escolher viver a dois. E nem sempre as expectativas masculinas permitem que a mulher continue, por exemplo, apostando com toda a garra necessária na própria carreira profissional. Por isso, esse assunto precisa ser mais discutido.

Para evitar conflitos, haja negociação, haja comunicação, haja vontade de investir em uma relação amorosa! E este livro vai ajudar nessa missão, com um olhar prático e contemporâneo das visões feminina e masculina. Isso porque as mudanças da sociedade moderna estão exigindo uma nova "programação" do DNA de homens e mulheres. No século XXI, não há mais papéis predefinidos, não há mais espaço para velhos estereótipos, tanto na família quanto no trabalho. E também na forma como estamos preparando nossos filhos para a vida.

O caminho da felicidade exige muito mais autoconhecimento, para escapar do piloto automático e das pressões externas, pois só assim cada um saberá o que quer e do que precisa para alcançar uma jornada mais rica, plena. O caminho da felicidade também passa pela estrada do entendimento e da compreensão mútua, para que cada um tenha empatia e tolerância com o que o outro quer e precisa. Mas será que homens e mulheres "modernos" estão preparados para tantas transformações? Topam mesmo abandonar as referências dos pais, assim como as capas de Super-Homem e de Mulher Maravilha, para construir novos modelos de relacionamento amoroso e de família?

São dois lados da balança que conferem uma realidade bastante pesada, especialmente para a mulher atual, que ainda se ressente da sobrecarga de tarefas e de preconceitos. Há quem ache impossível, nos dias de hoje, conciliar carreira e família, e defenda que é preciso escolher entre buscar sucesso no trabalho ou no terreno do coração, sendo que o mesmo não é exigido à maioria dos homens. Não está certo.

Nós, autores deste livro, acreditamos que a mulher pode, sim, conseguir ter os dois, se desejar. Não vamos nos iludir de que seja fácil. Não é. Mas vivemos isso na prática, diariamente, em nossa vida individual e familiar.

À primeira vista, a pressão recai sobre os ombros da mulher – afinal de contas, ainda é ela quem carrega nossos filhos no ventre por nove meses. Embora o equilíbrio entre vida pessoal e profissional pareça um objetivo distante, principalmente à medida que a mulher vai evoluindo na sua carreira, a boa notícia é que isso é possível, o que é diferente de perfeito, e o homem pode (e deve) apoiá-la, em vez de atravancar o processo. É isso que este livro pretende mostrar, sempre com boa dose de bom senso e bom humor, exemplificando os novos dilemas, principalmente com base na nossa realidade, na nossa verdade.

Também analisamos o lado masculino, que perdeu as referências de como um homem deve agir e "corre atrás do prejuízo" a fim de acompanhar a revolução provocada pelos avanços femininos. Para ser amado e amar alguém incrível e que se realiza, para ter uma família bacana, para dar novas referências aos filhos. Sem dúvida, mostrar que nem todos continuam seres do tempo das cavernas ou ogros é necessário para que a mulher, mesmo atingindo todo o sucesso do mundo na carreira, não perca a vontade de viver um grande amor.

Novos conflitos precisam de novas soluções

Trazendo para a prática, vamos analisar mais a fundo dezesseis questões que preocupam as mulheres hoje e estão relacionadas com essa busca por algum equilíbrio possível entre as ambições profissionais e os desafios contemporâneos de manter um relacionamento afetivo. Claro, temperamos fatos e situações da realidade com as nossas vivências, nossas crenças e nossas esperanças. Mas acreditamos que as nossas *pensatas* poderão incentivar as suas reflexões e colaborem de alguma forma com mais carreiras e ao mesmo tempo casamentos promissores.

1 Ganho mais do que ele, tenho mais sucesso na carreira

JOYCE

Liberdade financeira é o primeiro caminho para a liberdade pessoal. Sempre acreditei nisso e sei que muitas mulheres também. Sem dinheiro na carteira e no banco, nós nos sentiríamos sem poder de decisão, e isso influenciaria negativamente outros aspectos da própria vida e da construção da família atual.

A mulher de hoje não precisa mais de um homem provedor. No meu primeiro livro, chamo atenção para uma mudança fundamental que é a seguinte: valorizamos um homem *cuidador*. Como é o Claudio, como é o meu marido e como estou ensinando meu filho a ser.

Sim, eles existem. É uma questão de detectar. É uma questão também de mais mulheres criarem filhos de cabeça menos dura, mais flexíveis e mais doadores de amor. Numa sociedade em que quase 40% da população de batom provê a casa, é necessária a aceitação de que a dependente Amélia morreu e de que a desbravadora Alice ninguém segura no pé da mesa. Como o trabalho tornou-se o melhor amigo da mulher, fazer sucesso é consequência natural.

E riqueza, o que é? É quando você conquista liberdade de escolher o que deseja para sua vida, podendo bancar isso financeiramente. Caminha lado a lado com liberdade, então. Isso não significa que eu ponha dinheiro na frente de tudo. Ele é meio, e não fim. Meio para alcançar outros objetivos: como ter um carro seguro para me locomover, uma moradia decente, geladeira com alimentação saudável, boa educação para nosso filho e a chance de brindar com um vinho mais caro, na sexta à noite, as vitórias cotidianas que meu marido e/ou eu temos.

Além disso, não sou ninguém se não consigo pegar uma estrada ou um avião de vez em quando para respirar outros ares, conhecer culturas, ouvir o barulho do mar. Eu trabalho tanto, e ainda sou boa mãe (eu disse boa, não perfeita!), boa esposa, boa filha, boa amiga, boa profissional, boa vizinha... Mereço a liberdade financeira que conquistei à custa de muito suor e muita competência.

Portanto, eu jamais dividiria a cama – ou a pizza – com um homem que não entendesse isso. Digo em minhas palestras que a escolha do parceiro ajuda a minimizar vários problemas femininos atuais, como essa bobagem de marido ou namorado ficar incomodado com mulher que ganha mais. Quando existe num relacionamento tanto o respeito à individualidade de cada um como a vontade de batalhar melhorias conjuntas, o casal lida de forma menos egoísta com o dinheiro, e isso facilita a jornada e fortalece o vínculo afetivo.

Com a inserção cada vez mais forte da mulher no mercado de trabalho, há o risco de ela, além de embolsar mais, alcançar maior status profissional. Sim. Vide tantos talentos femininos despontando em várias atividades. E casais inteligentes olham para quem tem mais chance de subir e focam sua energia na resposta. Repare na história de empreendedoras e executivas bem-sucedidas que são casadas. Provavelmente, os parceiros tiveram esse raciocínio e as apoiaram.

Entretanto, já entrevistei mulheres que não assimilavam bem ter mais sucesso e renda que o amado. Lembro que uma delas fingia ganhar menos. Amava sapatos e comprava logo cinco pares quando conseguia escapar do escritório para ir ao shopping. Mas deixava-os no porta-malas do carro, subindo para o apartamento com um par a cada dois ou três dias. Ela achava que estava enganando quem? Se eu fosse mais íntima, sugeriria fazer terapia urgentemente.

Na minha casa, ora eu pago contas, ora ele paga. Ora juntamos as aplicações para adquirir algo mais caro. E tem mais: é preciso lembrar que a mulher pode estar ganhando mais, e num dado momento a situação se inverter. Ainda mais com a facilidade com que se demite gente atualmente. Aconteceu comigo. Por 25 anos em que fui funcionária da Editora Abril, sempre recebia o salário nas datas corretas, acrescido de bônus por ter feito carreira executiva, enquanto meu marido (também jornalista) trabalhou por vários anos num jornal que remunerava bem no holerite, mas nem sempre depositava o dinheiro devido, tanto que fechou.

Daí, ele abriu uma empresa para oferecer seus serviços de elaboração de estudos setoriais, e quem é empreendedor sabe o quanto é difícil fazer um negócio decolar. Em dezembro de 2012, eu pedi para me demitirem a fim de iniciar novas atividades, como palestrar para mulheres e escrever livros. Nos primeiros dois anos, minha renda caiu drasticamente, e a situação se inverteu: ele passou a ganhar mais.

> "Portanto, eu jamais dividiria a cama – ou a pizza – com um homem que não entendesse isso."

Tudo bem. Na cabeça do meu marido e na minha, dinheiro não tem gênero. Agora, é assunto pouco romântico. Portanto, negligenciado pela maioria dos casais antes de o romance se desenvolver. Nesse início, há a ilusão de que o amor supera tudo, vinga na alegria (dos gastos com aquisições e prazeres) e na tristeza (das pilhas de contas a pagar). Só que, ao não cuidar desse assunto desde o início, o tempo vai passando e os problemas começam a pipocar. Tanto que existem evidências de que grande parte dos divórcios, em nível mundial, tem algum fundamento financeiro, mesmo que não seja declarado.

Vale ter expectativas realistas: se os dois trabalham naquilo em que se realizam, o coerente é não sobrecarregar apenas um. Em outras palavras, afinar discurso e atitude. Um amigo confessou ao meu marido: "Adoraria que minha mulher trabalhasse menos. Mas quando vejo o holerite dela, acho melhor que continue". Claro, quando os dois fazem crescer a renda do casal, sem a disputa mesquinha de quem traz mais, torna mais possível arcar com a lista mensal de despesas que só cresce e sobrar algum para os dois se divertirem.

As incertezas sobre o futuro profissional com que todos nós vivemos têm grande peso nos romances que se formam. A situação de cada um, dos primeiros encontros até o altar, e mesmo depois, pode oscilar bastante. Por isso é essencial dialogar sobre o tema e, se um acha que o outro é o amor da sua vida, treinar fazer planejamento financeiro, com cada lado contribuindo da forma que conseguir, para que o dinheiro seja nada mais do que meio de realizar sonhos e objetivos – especialmente aqueles em comum!

CLAUDIO

Essa é uma das questões mais delicadas quando falamos do novo modelo de família do século XXI. Não deveria ser, mas ainda é. E isso talvez não seja uma boa notícia para você. Vou explicar por quê.

Nada mais lógico do que torcer pelo sucesso da pessoa com quem se tem uma vida em comum. Nesse sentido, seu homem deveria comemorar que agora você ganha mais do que ele, o que vai facilitar a garantia de sustento dos filhos, a quitação da casa própria e a compra daquele carro com que sempre ambos sonharam. Mas na prática, infelizmente, muitos reagem mal.

Na minha casa, nunca foi assim, pois sempre comemorei as vitórias da minha mulher. Ainda bem. Não fosse isso, eu jamais teria sobrevivido à experiência de mudar para Singapura e assumir a posição de dono de casa. Para dar um exemplo, eu dormi no Brasil e somente quando acordei na Ásia vim a realizar que a partir daquele momento eu dependeria do dinheiro da minha esposa até para comprar um sanduíche na esquina. No começo não foi nada fácil, tenho que confessar.

Hoje, já passamos pelos Estados Unidos e moramos na França. Agreguei às minhas atividades domésticas a função de escritor e palestrante (mas costumo brincar que faço isso nas horas vagas, o que é quase verdade). Continuo ganhando muito menos do que minha esposa. Mas isso nunca foi motivo de vergonha, muito pelo contrário. O suor dela garante o futuro da minha filha e, quem sabe, uma boa aposentadoria para nós dois. Isso para mim é o que realmente importa. Além do sucesso dela na carreira, que me deixa muito orgulhoso.

Um dos grandes problemas que eu vejo nessa relação dos casais em que ambos trabalham é essa questão com o dinheiro. Muitas pessoas fazem a administração dos ganhos na base do "meu dinheiro/seu dinheiro". Acho isso uma estupidez. O fato de termos contas individuais no banco não significa necessariamente que o dinheiro do casal deva ser administrado individualmente. Até porque os objetivos deveriam ser comuns.

O bom planejamento financeiro da casa é um dos pressupostos para uma relação bem-sucedida. Não é raro ver certa divisão fixa das despesas: "eu pago isso, você paga aquilo". Isso é o máximo que alguns casais conseguem planejar juntos. Mas vamos concordar que não faz o menor sentido um pagar juros no cartão de crédito ou cheque especial, enquanto o outro está poupando dinheiro. Parece estranho, mas é um fato corriqueiro na vida de muitos casais.

Como a questão aqui é sobre o que acontece quando a mulher ganha mais – e não um aconselhamento financeiro de casal –, voltemos ao assunto. E não trago boas-novas. Os homens ainda lidam muito mal com essa questão. Uma das explicações para isso está no próprio DNA. Fomos criados, desde a Idade da Pedra, para exercer a função de provedores. Se a mulher já aprendeu (e gostou) que pode sair da caverna para trazer a caça para casa, os homens, na sua maioria, ainda não atualizaram esse "software".

Não deveríamos, mas morremos de vergonha de ganhar menos do que nossas companheiras. Faz parte do nosso DNA, embora também seja uma questão de ego masculino. E o resultado disso pode ser desastroso para uma relação. Tenho um amigo que mentiu sobre o salário dele durante anos, pois não conseguia conviver com o fato de receber um salário inferior ao da esposa. A pobrezinha nunca entendeu por que ele sempre estava enrolado com as contas, sendo que ganhava "tão bem". Olha o perigo: ela começou a desconfiar de que ele gastava tudo com uma amante. Pura ilusão!

Mas conheço um caso ainda pior. O homem perdeu o emprego, mas não suportava a ideia de contar isso à esposa. Seria passageiro, é claro, uma situação provisória, pois em breve estaria empregado novamente. Por isso, não teve dúvidas: alugou uma pequena sala perto do escritório da empresa em que trabalhava e saía de casa todos os dias vestido de terno e gravata; assim não passaria pelo dissabor de dividir a novidade com a esposa.

> "Não deveríamos, mas morremos de vergonha de ganhar menos do que nossas companheiras."

Passava o tempo na salinha de dezesseis metros quadrados lendo jornal, jogando paciência no computador e aguardando alguém telefonar para fazer uma entrevista. O tempo realmente passou, ele não conseguiu emprego e torrou boa parte da rescisão do contrato no aluguel do "escritório". Quando as cobranças pelas contas atrasadas começaram a chegar pelo correio, ele teve de pedir dinheiro à esposa.

Conheço muitos outros exemplos de homens que se recusaram a aceitar uma situação financeira de inferioridade em relação à sua parceira e cujos desfechos são quase sempre infelizes. Mas quando pensei que já tinha visto de tudo, numa das minhas palestras, ouvi a história que mais me cortou o coração: de uma jovem recém-casada, que há mais de um ano havia recebido uma ótima promoção, com um polpudo aumento de salário. Entretanto, nunca teve coragem nem de contar ao marido, pois ele não aguentaria receber a notícia.

Fiquei com pena dos dois, considerando ser completa verdade o que acabara de me contar. É muito triste uma relação na qual você não pode nem ao menos compartilhar as notícias boas. Isso me fez pensar que talvez ela não seja a única a passar por essa situação. Só não creio que a solução seja esperar o tempo passar para que os homens sejam mais maduros em relação a esse ponto.

Quero crer que uma boa parte dos homens, principalmente os mais jovens, já não precisa de terapia para resolver essa questão. Eles estão mais preparados para encarar uma parceira com poder econômico igual ou maior do que o deles. Outros, como foi o meu caso, já encaram numa boa inclusive o fato de ela sair de casa para trabalhar enquanto ele cuida da casa e dos filhos.

Se você ganha mais do que seu homem e tem uma carreira bem-sucedida, certamente batalhou muito por isso e merece cada centavo. Siga em frente e abra uma garrafa de vinho para comemorar com ele. Afinal, vocês dois, juntos, poderão ter uma vida mais confortável. Se ele não for inteligente o suficiente para entender isso, talvez esteja na hora de você reconsiderar essa relação.

2 Falo muito em igualdade, mas não quero um marido que fique em casa

CLAUDIO

Você tem todo o direito de pensar assim. Entretanto, não é pecado apoiar a ideia de igualdade e, ao mesmo tempo, querer um marido que fique em casa. Como igualdade parte do pressuposto de que existam oportunidades iguais e o direito da escolha, talvez esteja na hora de mudar seus conceitos. Quem sabe eu possa ajudá-la nas próximas linhas.

A primeira coisa que você tem de saber é que a profissão de dono de casa chegou para ficar. Uma ampla reportagem do jornal inglês *Financial Times*, publicada em 2014, falava de um estudo do Escritório de Estatísticas Nacionais do Reino Unido mostrando que a região já contabilizava 229 mil homens exercendo o papel de donos de casa, número que praticamente dobrou nos últimos vinte anos. Nos Estados Unidos, as estatísticas são parecidas. Cerca de 550 mil homens cuidavam da casa no final da década passada – na década de 1970 eram 280 mil.

Mais importante do que os números é entender os motivos que estão por trás dessa decisão. Nesses casais, uma boa parte das esposas ganha mais do que o marido. E como o custo para pagar alguém para cuidar dos filhos e da casa seria alto, fazia mais sentido que o homem abandonasse o emprego. Mas, além disso, os pais acreditam que é melhor ter um deles mais próximo dos filhos do que encarar malabarismos para administrar duas carreiras profissionais, babás e creches.

A princípio, as mulheres parecem ser as que mais se beneficiam com a decisão. Mais aliviadas das responsabilidades domésticas, elas podem concentrar-se em sua carreira. Já parou para pensar nessa possibilidade? Se você ama sua carreira acima de tudo, e o trabalho consome a maior parte do seu tempo, deveria avaliar essa hipótese com mais carinho.

Embora hoje uma grande parte das empresas que apoia a liderança feminina já esteja adotando uma série de medidas – como a jornada de trabalho com horários flexíveis e a opção de home office em alguns dias da semana – em alguns setores a competição com os homens ainda é feroz. Em 2013, o banco JP Morgan Chase resolveu fazer uma pesquisa nos Estados Unidos para descobrir por que havia poucas mulheres no maior banco do país e no setor financeiro.

As 2.500 mulheres ouvidas na pesquisa disseram que não gostavam do horário flexível de trabalho porque ele ainda carrega certo estigma de que a mulher que trabalha de casa uma parte do tempo não vai se dedicar 100% às suas atividades. Além disso, elas relutavam em aceitar promoções que exigissem mudanças geográficas, pois isso poderia prejudicar a família, em especial os maridos, que teriam de abrir mão de seus empregos.

É uma pena que as mulheres ainda tenham essa percepção, que certamente tem fundamento, mas que acaba influindo e atrapalhando seu crescimento profissional. Mas temos de encarar a vida como ela é. E, nessa hora, um homem com a cabeça mais aberta e que seja parceiro pode fazer toda a diferença.

Voltando ao tema dos donos de casa, os homens mostram-se orgulhosos por apoiarem suas esposas e, ao mesmo tempo, poderem cuidar de perto da educação dos filhos. Em resumo, trata-se de uma decisão madura, em que todos saem ganhando, embora o custo para os homens também não seja pequeno.

"É preciso ser muito homem para fazer esse trabalho", dizia um dos entrevistados da reportagem do *Financial Times.* Acredite, não é exagero. Eu acrescentaria, ainda, que ficar em casa pode ser um desafio maior do que qualquer emprego. Entender minha situação como dono de casa ficou mais fácil quando comecei a fazer analogias com as situações que eu encarava quando era um executivo. Cuidar de uma casa e dos filhos requer uma série de habilidades. E, muitas vezes, temos de começar do zero, ao contrário de uma empresa, em que você conta com todos os recursos e conhecimentos para realizar suas tarefas.

Embora sejam supervalorizados pela esposa – e não poderia ser diferente – é natural que os homens tenham seus dilemas, que não são poucos. Sempre pinta uma culpa por não trazer um salário para casa. Outros acham que ficar em casa é tedioso, e muitos sentem falta da vida social no escritório e de desafios intelectuais. Porém, o mais bacana é ver que, apesar dos problemas, cada um vai se ajeitando como pode. E todos estão curtindo demais o contato mais próximo com os filhos, algo que não tem preço.

Se eu ainda não consegui convencê-la, aí vai mais um dado importante. Os homens estão mudando. Sim, acredite, os mais jovens já são muito mais abertos à ideia de ficarem em casa. Uma pesquisa realizada em 2013, pelo Boston College Center for Work and Family, apontou que 53% dos americanos manifestaram-se positivamente à possibilidade de cuidarem dos filhos, desde que suas esposas tenham renda suficiente para cobrir todas as despesas da família. Na década passada, essa porcentagem era de 27%.

A pesquisa apurou, ainda, que a maioria dos homens que opta por ficar em casa faz essa escolha conscientemente e que grande parte desses casos não leva em conta apenas a questão financeira, mas ambos concordam que a presença mais próxima do pai ou da mãe na criação dos filhos é fundamental para a família.

Quando falamos em igualdade, estamos falando de oportunidades iguais e de opções de escolha. Então, não seria justo pensar no direito que os homens têm de exercer plenamente sua paternidade? O conceito de que a mulher deve ficar vinculada à tradição de cuidar da casa e dos filhos por conta da maternidade vai caindo por terra na sociedade do século XXI. Na Holanda, por exemplo, as famílias têm adotado, com sucesso, o "Dia do Papai", que é o dia da semana no qual as crianças, sem aula, ficam sob a inteira responsabilidade dos homens. As mulheres ficam desobrigadas dos afazeres domésticos e usam esse tempo livre para cuidarem de si. Bonitinho, não?

Alguns países europeus têm avançado mais rápido nessa questão da igualdade de oportunidades entre os gêneros. Nesse quesito, a ampliação da licença-paternidade já deixou de ser tabu para virar realidade. E a Islândia, definitivamente, é um exemplo. O país já adota há algum tempo uma licença de nove meses para o casal que ganha um filho, sendo três meses para a mãe, três para o pai, e os outros três meses podem ser compartilhados entre os dois, da maneira que bem entenderem.

> "Quando falamos em igualdade, estamos falando de oportunidades iguais e de opções de escolha."

A ideia é genial, pois além de eliminar o "fator de risco" que uma empresa corre quando emprega uma mulher (empregando um homem, ela continua tendo que licenciar alguém por um tempo), acaba envolvendo o homem na responsabilidade de criação dos filhos e no trabalho doméstico. Essa realidade já foi incorporada pela sociedade e algumas empresas assimilaram isso.

Recentemente, o Facebook nos deu um excelente exemplo disso. A empresa implementou a licença-paternidade remunerada de quatro meses para os seus funcionários em todo o mundo. A medida foi anunciada na mesma semana em que o CEO da companhia, Mark Zuckerberg, declarou que pretendia tirar dois meses de licença-paternidade. "Acreditamos que pais e mães merecem igualmente o mesmo nível de apoio. Decidimos isso porque é a coisa certa a fazer para as nossas pessoas e suas famílias", explicava o comunicado oficial.

O mundo está mudando. O consultor de empresas e educador Reinaldo Bulgarelli define esse momento de maneira muito precisa:

> "O padrão idealizado do homem – livre da gravidez, do cuidado com os filhos, com foco apenas na empresa e na carreira – está pouco a pouco mudando. Já existem muitos homens que não se encaixam nesse padrão, que valorizam a paternidade participativa, compartilhando o prazer de viver e de trabalhar, o prazer de ver os negócios e os filhos crescerem."

Um exemplo desse "novo homem" que citei acima é o Gustavo Ruffo, um jornalista e amigo cuja história tive o prazer de reproduzir no meu blog. Ele abriu mão de um emprego estável numa redação de jornal para escrever de casa como freelancer e cuidar dos dois filhos – um com dois anos e outro com três meses de idade. O post bateu o recorde de compartilhamentos da minha página.

Abrir mão de um salário fixo é uma decisão complicada. Mas, depois de muito cálculo, ele e a esposa, Fernanda, que trabalhava havia quinze anos como fisioterapeuta num hospital, concluíram que trocar a redação pelas fraldas seria a melhor opção. Entre um texto e outro, ele cuidava das tarefas da casa, tentava administrar a energia extra do filho mais velho e ainda tinha que se preocupar com a mamadeira e os horários de dormir do bebê de colo. Uma verdadeira maratona...

Como toda história bonita tem final feliz, essa não poderia ser diferente. Por isso, escolhi uma frase do Gustavo que demonstra como os homens estão mudando.

> "A melhor coisa que realmente me aconteceu foi ter conhecido minha mulher. E ter tido com ela dois meninos lindos, fortes e saudáveis, que queremos ajudar a crescer e a fazer boas escolhas. Queremos ajudá-los a viver uma vida plena, honesta. Uma vida boa para eles e para todos os que tiverem a alegria e a sorte de com eles conviverem."

Se nem assim eu conseguir lhe convencer de que pode ser uma boa pedida ter um homem cuidando da casa e dos filhos, tudo bem. Mas fique sabendo que, enquanto hoje é consenso a ideia de que nunca foi tão promissor ser mulher no mercado de trabalho e nunca foi tão difícil ser mulher na sociedade – exatamente pela dificuldade de exercer, e bem, os papéis de profissional, mãe e esposa –, não há equilíbrio perfeito sem um verdadeiro trabalho em equipe. E a solução para você ter uma carreira melhor e abandonar suas culpas como mãe e mulher pode estar mais perto do que você imagina: do outro lado da sua cama.

JOYCE

Essa pergunta me faz lembrar uma amiga jornalista, que trabalhava muito e tinha cargo executivo numa revista de celebridades, com hora para entrar na empresa, mas não para sair. Quando o dia transcorria de forma mais tranquila, ela deixava o escritório perto das 21h. Mas, se pipocavam problemas na conclusão de uma edição, podia esticar até as 22h, 1h da manhã... Já chegou a virar a noite e voltar para casa de manhãzinha, com pães quentinhos para o café da manhã. Encontrava o marido e os dois filhos dormindo feito anjos. Alívio.

Ela me dizia que, por um lado, achava ótimo que o marido estivesse em casa, pois assim trabalhava muito mais tranquila. Mergulhava de cabeça nas matérias, nas fotos, nas chamadas de capa e nos anúncios, podendo esquecer de todo o resto, pois tinha alguém para cobri-la na vida doméstica. Pensava que, se ele fosse um alto executivo que "morasse" na empresa, como é que os filhos sobreviveriam? Como esse casamento poderia dar certo? Quando o casal se encontraria?

Por outro lado, ela pensava – apesar de não querer pensar isso – que ele viveria muito mais do que ela. Enquanto ela ficaria esgotada de tanto trabalhar, mais enrugada e menos saudável, o marido estaria conservado, jovem... Afinal, sofria menos stress, menos efeito nocivo do ar-condicionado, engolia menos sapo, escapava de se irritar no trânsito. Ela não queria, mas pensava que em poucos anos estaria uma velha, enquanto ele manteria a cútis mais lisa e o emocional mais equilibrado. Ela não queria, mas sentia uma ponta de inveja dele, que beijava os filhos, levava-os para a escola, conversava, via tevê junto e ria das piadas do Porta dos Fundos no YouTube.

Eu penso que essa possibilidade de o homem estar mais em casa do que a mulher é relativamente nova, por isso temos de dar "um desconto" à confusão de ideias e sentimentos que ambos os lados sentem. Meu marido ficou *full time* em casa de 2006 a 2012, mas isso não significa que estivesse cuidando só da casa e do nosso filho. Ele trabalhava como jornalista, empreendendo na nossa atual empresa de conteúdo, e escolheu usar o escritório caseiro por três motivos: para economizar aluguel de sala comercial, para me ajudar com os cuidados domésticos e para estar mais próximo do nosso filho.

Como eu trabalhava nas redações das revistas femininas de dez a doze horas por dia, era uma mão na roda saber que ele estava me dando essa retaguarda. E eu nunca fiz questão de ter um marido estilo executivo poderoso, sempre valorizei outras coisas, como inteligência, cultura, preocupação comigo, companheirismo... O fato de ser eu a dar beijinho de manhã e ir para uma redação, deixando-o lendo o jornal, não me incomodava.

Mas meu marido foi ficando incomodado por ser distraído do seu trabalho com tanta interrupção da nossa ajudante do lar – carente de atenção e ávida para puxar papo. Ela, por exemplo, ia ao home office e perguntava se deveria preparar para o almoço peixe ou frango. Ele respondia rápido que preferia o segundo. Ela insistia: assado, cozido ou frito? Meu marido queria "morrer" com esse tipo de consulta. Chegou uma hora em que ele quis sair de casa para trabalhar e rachou o aluguel de uma sala com um diretor de arte amigo nosso.

Foi bom, pois passado um ano eu me desliguei do meu emprego (no qual atuei por 25 anos) a fim de empreender e assumi a sociedade da empresa de conteúdo que tocamos juntos até hoje. Atualmente, ambos abrimos mão da sala e estamos trabalhando em casa, em esquema de home office. Ora um para o que está fazendo para buscar filho na escola ou correr ao supermercado. Há igualdade *mesmo.* E somos felizes assim.

Penso que um casal pode passar por situações diversas, como um ficar em casa e o outro cumprir expediente numa grande empresa. Depois, inverter isso. E passado um tempo os dois dividirem o mesmo teto para amar e trabalhar. Nossa vida é dinâmica. Reforço que ficar em casa não significa não trabalhar. O Claudio é dono de casa, assim como escreve livros, negocia e prepara suas palestras.

Concordo com Claudio que facilita para as mulheres que querem ter sucesso se o parceiro está presente e participativo na vida doméstica. Inclusive, uma pesquisadora fez um levantamento que eu adoraria ter feito. Ela usou como base o ranking das mulheres mais poderosas do mundo da revista *Fortune* para estudar o perfil dos maridos – no caso das que eram casadas –, e revelou que eles haviam preterido sua carreira para ajudar na carreira delas. Imagino que cada casal tenha analisado friamente quem dos dois teria mais chance de sucesso e acordado que o menos favorecido ficaria na retaguarda, para investirem no lado mais favorecido.

> “Eu penso que essa possibilidade de o homem estar mais em casa do que a ulher é relativamente nova, por so temos de dar ‘um desconto’ à confusão de ideias e sentimentos que ambos os lados sentem.”

É preciso considerar que existe a tendência de mais homens e também mulheres trabalharem de casa ou remotamente. Então, em pouco tempo, talvez essa discussão perca o sentido. Com as facilidades tecnológicas, as mudanças na forma de administrar o tempo, o trânsito infernal e os problemas de mobilidade nos forçando a ganhar produtividade trabalhando virtualmente, mais e mais profissionais deverão voltar para casa e, no caso dos mais jovens, nem sair dela.

Isso ajuda também num problema que gera tantos debates nas escolas e nos consultórios dos psicólogos, que é a reclamação de pais ausentes, que não estão sabendo passar valores e estrutura emocional aos filhos.

E vou confessar aqui uma grande vantagem que considero atualmente para quem puder trabalhar de casa: estar mais protegido da violência. Quando penso que, hoje, meu marido, eu e meu filho estamos dentro de casa entre dezoito e vinte horas, considero um ganho de qualidade de vida. Já sofri um sequestro-relâmpago voltando do trabalho numa sexta-feira, por volta das 19h30. Quem assistir no meu canal do YouTube à entrevista que o Jô Soares fez comigo, quando lancei meu primeiro livro, entenderá por que tenho essa preocupação.

Falando em igualdade, não é que eu me ache igual ao meu marido. Temos formas de cuidar da casa e do filho bastante particulares. Basta ver a diferença quando ele vai ao supermercado e quando eu vou. Ele traz muito mais doces e vinhos, por exemplo. Em compensação, eu dirijo mais rápido, então geralmente assumo o volante. Ele faz um café delicioso, enquanto eu não sei nem ligar a cafeteira.

Que bom que somos diferentes. O mais importante é que queremos ficar juntos e nos apoiar. Um ajuda no trabalho do outro, um passa manteiga no pão do outro, um se preocupa em fazer o outro mais feliz. A igualdade que eu entendo é a de que nós dois temos igual direito de nos realizarmos profissional e pessoalmente. E juntos podemos nos ajudar para conseguir isso o mais breve possível, seja em qual teto for.

3 Meu marido não quer me ajudar nas tarefas domésticas

CLAUDIO

Primeiro conselho: troque de marido. E olha que não estou brincando. Claro que se vocês tiverem dinheiro suficiente para contratar empregada, babá e motorista, talvez ainda haja outra saída, uma luz no final do túnel. Do contrário...

O mundo mudou. O trabalho doméstico e a criação dos filhos deixaram de ser funções exclusivas do universo feminino. As mulheres passaram a ocupar seu espaço no mercado de trabalho e a dividirem as despesas da casa. Com isso, a estrutura clássica familiar do homem exclusivamente provedor e da mulher dona de casa teve de ser revista, principalmente nos grandes centros urbanos, onde os homens passaram a aceitar mais naturalmente a ideia de compartilhar com a esposa as tarefas da casa e a orientação dos filhos. Ainda assim, a figura da mulher estava muito ligada à responsabilidade de organizar a casa, e o marido era quem dava uma "mãozinha".

Mas quando esse conceito parecia estar assimilado, as mulheres não se contentaram com isso. As meninas arregaçaram as mangas, foram à luta e passaram a ocupar cargos de destaque nas empresas. Elas ganharam o mundo dos negócios, fazendo sucesso por toda a parte, no empreendedorismo ou nas grandes corporações. Muitas passaram a ganhar mais do que os maridos, precisaram mudar de cidade para assumir cargos de maior importância ou até mesmo fizeram carreiras internacionais bem-sucedidas. E isso exigiu nova mudança de mentalidade.

Foi o meu caso. Eu não me considerava machista, mas era o cara mais "machão" que eu conhecia. Até tinha um certo orgulho disso. Arrumar a casa, cozinhar, lavar a roupa? Na minha casa, isso era coisa de mulher, um trabalho que a minha mãe desempenhava com a maior desenvoltura e carinho, com a ajuda da minha irmã. Aos homens da casa, restava trabalhar duro. Eu já ajudava meu pai no pequeno comércio dele desde os dez anos, e aos catorze anos já trabalhava meio período, carteira assinada e tudo.

Eu não fazia questão de ter uma esposa dedicada à casa como a minha mãe o foi, mas também não me imaginava desempenhando qualquer tarefa doméstica. Não me esqueço da primeira vez em que minha esposa, quando ainda namorávamos, me pediu uma ajuda para lavar os pratos. Eu me neguei, claro, explicando que iria estudar bastante e trabalhar muito para poder pagar alguém que fizesse isso para mim.

"O mundo gira e a Lusitana roda", já dizia o slogan da velha transportadora, que não sei se ainda existe. Vinte anos depois, eu me vi com a responsabilidade de cuidar da minha filha em tempo integral, aprendi a cozinhar e fui lavar pratos, enquanto minha esposa dava duro para sustentar a casa. E estava feliz da vida.

Claro que uma mudança radical dessas não foi fácil, tanto que acabei contando minha história no livro *Macho do século XXI* e me tornei o executivo que virou "dona de casa" e acabou gostando. Mas a verdade é que se você faz parte desse grupo de mulheres de sucesso, sua vida não será fácil se o seu marido ainda estiver com a mentalidade do século passado.

Isso não significa que a partir de agora toda mulher de sucesso tem de procurar um homem que queira ficar em casa. Não acho que esse será o novo modelo familiar, mas, sem dúvida, é mais um modelo que vem a se somar ao convencional. No meu caso, isso fez todo o sentido durante um bom tempo, em função da oportunidade que se apresentava à minha esposa. Entretanto, não existe mais um modelo predefinido. O que faz sentido é entendimento e compreensão mútuos. A vida fica muito mais fácil se a divisão das tarefas for compartilhada em função da situação de ambos, naquele determinado momento, e não pode ser mais uma questão apenas de gênero.

Na teoria é fácil. Mas se fosse assim, a igualdade entre os gêneros não seria um tema ainda recente e tão discutido atualmente. Na prática, ainda há um longo caminho a ser percorrido. E se queremos mais maridos que sintam prazer em se envolver nas tarefas domésticas, precisamos rever a educação que damos aos nossos filhos. A igualdade deve ser ensinada em casa e, muitas vezes, não percebemos nossa importância nesse papel.

Às vezes, podemos escorregar em alguns comportamentos, aparentemente bobinhos e despretensiosos, mas que acabam reforçando a ideia de que homens e mulheres são diferentes: quantas vezes não dizemos aos nossos meninos que "homem não chora" ou que "jogar bola não é brincadeira de menina"? Será que em casa também não estabelecemos tarefas "de menino" e "de menina"?

A Plan International, organização mundial que luta pelos direitos da criança, completou recentemente um estudo intitulado "Por ser menina no Brasil: crescendo entre direitos e violências", que entrevistou mais de 1.700 meninas entre seis e catorze anos nas cinco regiões do país. O resultado apontou uma absoluta desigualdade na distribuição das tarefas domésticas nos lares brasileiros – 81,4% das meninas relataram que arrumam a própria cama, tarefa que só é executada por 11,6% dos irmãos. Mais números: 76,8% das meninas lavam a louça e 65,6% limpam a casa, índices que atingem apenas 12,5% e 11,4%, respectivamente, no caso de meninos.

Essa pesquisa ajuda a identificar alguns dos motivos pelos quais as mulheres ainda têm muita dificuldade de acesso a oportunidades iguais, a começar pela escola, pois desde cedo recebem o papel de cuidadoras. Como gastam mais tempo nas tarefas domésticas, sobra menos tempo para estudar, por exemplo. Na fase adulta, esse fenômeno acaba se repetindo no mercado de trabalho. E talvez ajude você a entender melhor por que seu marido se recusa a ajudá-la com as tarefas domésticas, se esse é o caso. Se ele não aprendeu isso em casa, por que teria que fazê-lo com você?

Vale a pena refletir sobre a maneira como criamos nossos filhos e o que esperamos deles no futuro. A cooperação nas atividades domésticas é importante para o desenvolvimento dos meninos e das meninas. Mais do que isso, pode ser uma boa ferramenta para ensinar a igualdade e o respeito. Você não vai querer que seu filho seja como seu marido. E estará prestando um grande serviço a ele. No futuro, certamente haverá muito menos espaço (e mulheres) para homens que pensam assim.

> "A igualdade deve ser ensinada em casa e, muitas vezes, não percebemos nossa importância nesse papel."

O sucesso das mulheres é uma realidade que chegou para ficar – gostando ou não, essa é a realidade não somente para o seu marido, mas para todos os homens que circulam pelo planeta. As tarefas da casa e o cuidado com os filhos entraram, sem pedir licença, no universo masculino, e devem ser encarados com naturalidade e desprendimento. Não existe mais espaço para papéis predeterminados e o segredo para a felicidade é uma vida compartilhada, um verdadeiro trabalho em equipe. Se o seu marido ainda não percebeu isso, talvez ele não mereça você e mais ninguém.

JOYCE

Eis um (des)serviço que as mães fizeram a seus filhos. Mas sempre é hora de consertar. Historicamente, as meninas foram criadas ajudando-as na cozinha, na organização da casa... Mas isso também foi mudando. Participo de um grupo no Insper, instituição de ensino conceituada em São Paulo, para discutir diversidade de gênero, e ouvi de uma das participantes, universitária, o seguinte: quando vai almoçar na casa do namorado, depois da sobremesa, a sogra lança aquele olhar para ela sinalizando ajuda para tirar os pratos. Qual a reação dela? Olha imediatamente para o namorado. Se ele ajudar, ela ajuda. Caso contrário, continua sentada, com cara de paisagem. Está certíssima!

É uma atitude de quem quer mudar essa história de que as tarefas domésticas têm gênero. Ora, é obrigação de todos da casa. Digo isso a meu filho adolescente. Ao meu marido, não preciso. Ele cuida do café da manhã, passa manteiga no meu pão, vai ao supermercado também, varre a casa quando necessário. Em compensação, não gosta de dirigir. Eu sempre assumo o volante. E assim vivemos muito bem, nos ajudando, e explorando o que cada um faz bem. Eu nem sei fazer café, enquanto ele é mestre nisso.

Mas sei que vários maridos das minhas amigas na faixa de quarenta, cinquenta anos ainda resistem a esse compartilhamento da porta para dentro do lar, doce lar. Recentemente, num aniversário, uma conhecida, militar, casada com um colega de profissão, resmungou que o marido não "comparece" nessa hora. Ela acha que a culpa foi de ter sempre empregada doméstica desde o primeiro dia de casados. Hoje, ela não consegue educar os dois meninos (de uns nove e doze anos) de forma diferente, porque ambos respondem: "Meu pai não faz, por que eu vou fazer?".

Mudar o marido é tarefa inglória, pois já dizia o fantástico psiquiatra Paulo Gaudêncio, com quem atuei por 23 anos na revista *Nova/Cosmopolitan*, que ninguém tem o poder de mudar o outro. No máximo, pode servir de espelho para que esse alguém queira e decida mudar. Então, meu conselho para essa conhecida foi colocar um espelho imaginário bem na frente do marido para que ele visualize seus dois filhos no futuro, quando não deverão ter empregada doméstica para tirar a toalha molhada de cima da cama, muito menos para trazer comidinha saudável, feita na hora.

Além desse ótimo argumento, para mostrar ao marido que vale a pena ser um exemplo mais positivo aos filhos, dei mais este conselho àquela conhecida: estamos criando os meninos de forma mais dependente e com tantas mordomias e liberdades, que eles não estão querendo amadurecer, ser autônomos, sair da barra da saia e da calça dos pais. Esse número do IBGE é assustador: cresce o número de filhos saindo da casa dos pais por volta dos 34 anos. E a maioria desses é... menino! Junte-se a isso a constatação dos psicólogos (especialmente os do Reino Unido) de que se deve considerar que a adolescência está sendo prolongada até os 25 anos.

Dar responsabilidades dentro de casa, fazer os filhos participarem das decisões, obrigações, preocupações, divisão de despesas – tudo isso pode ajudá-los a não engordar ainda mais as estatísticas de "adulescentes", não acha? Tem até nome para esse fenômeno, que é adolescência tardia (período que vai de dezoito a vinte e cinco anos). Quem vê benefício nisso?

Eu não sofri de adolescência tardia. Comecei a trabalhar com catorze anos. Emprego de professora de jazz que minha mãe me arrumou, já que eu fazia balé desde os cinco anos. Alguns anos depois, quando fui morar sozinha, aprendi a me virar na cozinha e a lavar as próprias roupas sem manchá-las. Meu pai levava Toddy para mim na cama, e sempre fazia a feira e o supermercado. Dizem que a gente procura marido semelhante ao pai. Deve ser por isso que meu marido é quem me serve Toddy atualmente de manhã.

Mais argumentos? Com a mulher trabalhando à beça, sua energia e seu tempo diminuem. Quando fui entrevistada pelo Jô Soares, para divulgar meu primeiro livro, contei que marido inteligente lava a louça enquanto a mulher dá uma descansada, para recuperar o fôlego e poder namorar depois; ou seja, os dois são recompensados! Se ele fizer essa tarefa doméstica de cueca boxer preta, então, ficará mais atraente para a amada.

Você pode achar que eu pirei. Mas o casal bem que pode encontrar formas de aumentar a intimidade, a cumplicidade, o clima de sedução, inclusive na hora de realizar as tarefas domésticas. Fazer juntos um espaguete ao pomodoro ou combinar de irem tirando a roupa um do outro para colocar na máquina são ideias de diversão caseira – por que não?

E vamos combinar? Os eletrodomésticos estão mais versáteis. Tem máquina de lavar que só falta falar, fogão que indica receitas com passo a passo... Os produtos de limpeza também vêm evoluindo, acompanhando o movimento sem volta de saída das mulheres para trabalhar. Onde quero chegar? Está moleza para homens e mulheres racharem serviço doméstico, se compararmos ao tempo em que a sociedade nos cobrava deixar as panelas brilhando. Hoje, a sinalização de limpeza é quando a casa está cheirando, e não brilhando. Está fácil!

Segundo a empresa de pesquisa de mercado Kantar, nos últimos anos, observa-se aumento do número de mulheres trabalhando fora. E tal movimento beneficia as categorias de produtos de limpeza mais práticos. Em nível Brasil, aumentou de 36% em 2010 para 38% em 2014. O maior crescimento percentual ocorreu no interior de São Paulo, de 35% para 39%.

Como resultado desse processo, a Kantar comprova também forte aumento da presença de lavadoras de roupas nos lares brasileiros, beneficiando os produtos mais *versáteis*. Entre 2010 e 2014, a sua penetração aumentou de 40% para 53% no Brasil. O maior índice está na Grande São Paulo, com 79% (incremento em comparação com os 61% de 2010); seguido da Grande Rio de Janeiro, com 71% (54% em 2010); e Sul, com 70% (56% em 2010).

Portanto, não há mais espaço para aquela desculpa masculina "mas eu não sei fazer isso" ou feminina "ele vai se atrapalhar todo, e ainda estragar as coisas". Sobre essa última deixa, preciso dar um puxão de orelhas nas mulheres que ainda querem bancar a Mulher Maravilha. Tire essa capa urgentemente! Muitas vezes o homem desiste de ajudar porque vai levar bronca caso não aja exatamente do jeito que a esposa ou namorada gostaria... Se delegou a tarefa, confie que ele fará da melhor forma.

Esse controle, essa coisa de a família depender da mulher para a casa funcionar, dá poder. Mas esse tipo de poder está ultrapassado, só a deixa exausta, descabelada e estressada! No meu primeiro livro, conto que a atriz Tania Khalill deixou o marido e músico Jairzinho trocar a fralda da primeira filha do casal e ele confundiu a pomada para assaduras com o creme dental. Encheu o bumbum da criança de pasta de dente. Ela viu, alertou sobre a troca. Sem fazer escândalo, sem dizer "deixa que eu faço, você não sabe". Teve a reação ideal, que foi de deduzir que o marido estaria melhor preparado para as trocas seguintes.

É por aí que vamos reeducando a ala masculina, para conservar o (des)serviço que mulheres das gerações passadas, sem a intenção, produziram. E não custa lembrar que, de acordo com um estudo realizado na Suécia, os homens que executam tarefas domésticas têm menos chances de ter problemas psicológicos como ansiedade, nervosismo e falta de concentração, além de uma probabilidade menor de sofrer doenças do coração. Bingo!

> "Estamos criando os meninos de forma mais dependente e com tantas mordomias e liberdades que eles não estão querendo amadurecer."

4 Amo a minha família e sinto culpa por amar também o meu trabalho

JOYCE

Todo dia é um excelente dia para lembrar que realização pessoal é tão importante quanto a maternidade. E que cuidar da carreira também é uma forma de cuidar dos filhos. Já pensou nisso? A realidade é que só cresce o número de mães que trabalham fora. E o efeito colateral mais conhecido dessa jornada dupla tem sido o quê? A culpa. Já ouvi de uma entrevistada o seguinte:

> "Pensam que, porque sou psicóloga, tenho de ser perfeita. Mas posso dizer que, quando minha filhota nasceu, ganhei também meu pacotinho de culpa. Ela existe e sempre vai existir.
>
> O que precisamos fazer é tentar mantê-la num nível normal, que não prejudique nosso comportamento, nossos sonhos, a energia e o amor que colocamos no trabalho e na família.

Para curtir mais os filhos de seis e cinco anos, acordo às 5h30 da matina para arrumá-los e levá-los à escola. Também transferi o consultório para uma casa ao lado da minha. Se tenho uma folga de dez, quinze minutos, corro para dar um beijo neles. É um chororô na hora que preciso sair, mas compensa. À noite, leio histórias e brinco prestando atenção neles, e não no celular.

Isso foi depois que comecei a pensar: estou inteiramente com eles? Ou só de corpo presente, mas minha alma está em outro lugar? É um desafio."

Essa mulher, mãe, esposa e psicóloga que entrevistei para uma reportagem sobre culpa materna tocou em dois pontos relevantes:

↳ A qualidade do tempo com os filhos importa muito mais que a quantidade de tempo. Por isso, considero um dos desafios mais importantes da mãe executiva ou empreendedora estar 100% naquilo que faz.

O mais comum é a gente ver a mulher em casa, do lado dos filhos, mas grudada nas mensagens do celular ou com o computador no colo. Ela se sente em "débito" por não estar trabalhando, produzindo, conectada o tempo todo... Daí, ela vai trabalhar e não presta atenção direito na reunião ou na tarefa que executa porque está com a cabeça fora do escritório. Na escola do filho, por exemplo. Nessa hora, ela se sente em "débito" por não estar priorizando seu papel de mãe. Quando a mulher passar a estar 100% no momento presente – ou seja, 100% trabalhando e 100% com a família –, a vida ficará menos enlouquecida, o stress deverá baixar e a culpa também.

> A mulher tem uma capacidade ímpar de achar soluções, criar alternativas que a ajudem a conciliar várias atividades. Essa psicóloga trouxe o consultório para um local mais próximo à sua casa. E há outras ideias possíveis de serem implantadas.

No tempo em que ficava fixa em redação de revista feminina e meu filho tinha menos de um ano, me lembro de trabalhar mais tranquila tendo duas ajudantes em casa. Assim, se uma fizesse algo errado, a outra denunciaria. Sabia que elas deviam bater um papo danado enquanto meu pequeno dormia, mas e daí? Foi só por uma fase. Só quando elas quiseram que eu pagasse aulas de direção, achei que já estava na hora de mudar o esquema. Dispensei uma delas e coloquei meu filho num berçário muito bem-recomendado. E vivi novos desafios. Também escolhi uma escola que devolvia os bebês no fim do dia de banho tomado e perfumado, que funcionava o ano inteiro, fechando só na semana de Natal, me atendendo das 7h da manhã às 20h. Com isso, me aliviava das obrigações e me dava mais tempo para beijar e abraçar muito a minha cria no pouco tempo que tínhamos juntos.

Existe uma sensação feminina de que não há saída, mas para tudo há solução. E simplificar algumas coisas, como escolher uma escola perto de casa, mesmo que não seja a número um do Enem, pode ser mais inteligente.

Certa vez, entrevistei sobre esse assunto da culpa o Antonio Celidonio Rocha, consultor de carreira e *coach* para executivos. Ele disse:

> "Se é da natureza feminina a preocupação de cuidar do ambiente e das pessoas, imagine dos próprios filhos. Só que cuidar da carreira também é uma maneira de se

> dedicar a eles, pois permite proporcionar estabilidade familiar, saúde, educação e lazer de qualidade. Lembrete: ser mãe é importante, mas a vida da mulher atual não precisa se resumir a esse papel, se ela tiver outras aspirações."

As pessoas confundem um pouco o significado da palavra *egoísmo*: cuidar de você em primeiro lugar não é uma atitude egoísta. Permite que tenha mais condições de dar apoio, ser carinhosa, divertir-se com quem ama. É como a orientação de colocar a máscara de oxigênio primeiro em si e depois na criança, caso ocorra uma pane no avião. Se você está bem, sentindo-se produtiva, alcançando vitórias pessoais, o seu relacionamento com os filhos sai ganhando. Pode transmitir coisas boas à família. Então, pare de se torturar.

Culpa é um sentimento comum, fruto de um nível de exigência exagerado construído socialmente a respeito do papel de mãe. E uma parte dessa culpa pode ser útil, servindo para pensarmos com profundidade sobre como estamos lidando com nosso tempo (leia-se: nossa vida, incluindo as prioridades, as escolhas e a qualidade das relações). Portanto, como qualquer sentimento, deve ser considerado como um sinalizador da necessidade de ajustes para uma jornada mais plena.

Além disso, na cabeça de várias que trabalham muitas horas e sob pressão existe a fantasia de que, estando em casa, sua vida seria uma maravilha. Nem sempre. Para boa parte das mulheres, cuidar somente da casa e da família é tão prazeroso quanto estressante. E pode se tornar frustrante na medida em que elas não aproveitam todo o seu potencial.

Muitos maridos preferem ter ao lado alguém que produza, gaste energia, foque em outras coisas e ganhe seu dinheiro a ter uma esposa insatisfeita, conforme lembra o Antonio

Celidonio. Se você se realiza ficando em casa, ótimo. Porém, se parece um cordeiro indo para o sacrifício, é melhor distribuir currículo ou empreender, buscando ajuda familiar ou profissional para cuidar dos filhos na sua ausência.

A boa notícia é que as escolas estão mais preparadas. Então, estando em boas mãos, sendo bem-tratadas, as crianças se desenvolvem mesmo sem os pais por perto o dia todo.

> "É mais um desejo nosso do que necessidade. Aconteceu comigo e com amigos. Meus filhos foram para a escolinha em período integral com quatro, cinco meses, e cresceram muito bem. Eles faziam um pouco de manha na porta, o que é natural, mas minutos depois que a gente ia embora, já trocavam o choro pela diversão com os coleguinhas", revela o consultor que entrevistei.

Reafirmo que ajuda bastante fazer uma autoanálise e procurar estar 100% com eles, assim como estar 100% trabalhando, em vez de querer misturar tudo, porque você não faz direito nem uma coisa nem outra.

Ainda bem que não há desafio nesse mundo que as mulheres não consigam resolver com criatividade e jogo de cintura. Veja outro depoimento que colhi sobre as clientes de uma *coach* de vida pessoal e afetiva.

> "Para almoçar com a filha e levá-la à escola, uma cliente negociou com o chefe esticar por meia hora seu horário de almoço e compensar no final do dia.
> Outra vai ao clube com a filha à noite, após o trabalho. Enquanto uma joga vôlei, a outra faz hidroginástica. No

trajeto, a dupla conversa sobre o dia da criança na escola, os amigos, os deveres, a professora.

E, assim, a mãe prova que qualidade rima com atenção. Nem que seja por uma hora diária, mostrar que aquele momento é delas reconforta e fortalece o vínculo. E que tal mandar torpedos carinhosos de vez em quando?"

Como podemos ver na própria resposta do Claudio, os homens, de maneira geral, são mais resolvidos nesse aspecto. Eles pensam que estão fazendo o melhor que podem e não se culpam.

Escrevi como *ghostwriter* o livro do jovem presidente de uma empresa muito conhecida e grande (três mil funcionários, existente há trinta anos); e ele faz o seguinte: durante a semana trabalha muito, chegando em casa por volta de 21h. Em compensação, não liga o computador no ambiente doméstico e dedica os fins de semana à mulher e aos filhos, tanto dando carinho e atenção quanto assumindo várias tarefas domésticas. Agindo assim, não sente culpa e se assegura de participar do crescimento dos filhos (queixa de muitos executivos do nível dele).

Já a mulher tem a visão de que tudo é irremediável. Se a criança não for à melhor escola hoje, por exemplo, o futuro dela está comprometido. Não é para tanto! Outro bom conselho às mulheres é para "largarem um pouco o osso" de soberanas do lar e dividirem mais as tarefas e responsabilidades com o parceiro. Detalhe: aceitando as consequências que essa atitude traz. Via de regra, nada que o pai faz está bom. Ele não levou ao pediatra na hora

> "Muitos maridos preferem ter ao lado alguém que produza, gaste energia, foque em outras coisas, ganhe seu dinheiro a ter uma esposa insatisfeita."

certa e não fez a pergunta certa porque tem um jeito mais desencanado de ser. E o casal acaba brigando. Hora de enterrar o perfeccionismo, como já abordei em outra resposta.

A mesma entrevistada do depoimento do início desta resposta me contou esta experiência:

> "Recentemente foi aniversário do meu pequeno e eu tinha que dar aula em outra cidade. Ele me acalmou preparando uma festinha para a família no fim da tarde. No dia seguinte, me disse: 'Cantamos parabéns ontem, você o levou de manhã para a escola, e lá teve outra comemoração... Fique tranquila, que você é a melhor mãe do mundo!'. Como é bom ter um marido mostrando que há outros caminhos e que tenho o meu valor, mesmo não assumindo o papel tradicional daquela mãe que cozinha, lava, passa e dá conta de tudo perfeitamente."

Com ou sem marido nota mil, veja mais três maneiras de administrar a culpa:

1. Descanso para todos: Vamos reconhecer que "a vida corrida" e "a loucura do dia a dia" impactam todas as famílias, não só a sua. É um dado social da vida urbana contemporânea. Cabe a nós fazermos frente a essa realidade. Boas perguntas: como criar um ritmo, um pulso mais saudável, sustentável para a minha rotina? Como incluir prazer e alegria no meu cotidiano? Em outras palavras, embora o problema seja coletivo, as respostas são individuais.

O ritmo de uma família deve ser harmonizado conforme as necessidades de cada membro, inclusive a de descanso (para nós e para nossos filhos). Não podemos estar à mercê das demandas insanas que a sociedade quer nos impor. Se relaxamos no sofá deixando as crianças jogando no celular, nós descansamos, mas eles não! Apenas se distraem e ficam quietos corporalmente, mantendo intensa atividade cerebral. Isso não é descanso.

2. Empregos melhores virão: Se a sua chefia ou empresa não dá a devida atenção às mulheres, a maternidade pode ser um incentivo para mudar. Felizmente, conforme o Claudio destacou, há várias empresas proporcionando iniciativas interessantes, como flexibilidade de horários, home office, programa de mentoria, creche próxima... Avon e P&G, por exemplo.

Trabalhar para alguém que exige presença física todos os dias até 21h ou mais estressa demais as mães e atrai culpa. Com culpa, a produtividade e a motivação são ameaçadas, prejudicando tanto funcionárias talentosas quanto empregadores.

3. O que mais importa: Também ajuda a aliviar a culpa definir melhor suas prioridades em relação à sua família, focar sua energia naquilo que mais importa e dar menos importância ao resto. Mães – tanto quanto pais – geralmente desejam que seus filhos sejam autônomos, éticos e felizes.

Então, vale eleger atividades adequadas à idade deles que poderão prover estas três coisas. "O que é autonomia para uma criança de um ano? Andar, subir, descer, escalar, explorar o mundo? Essas são suas atividades prioritárias. O que é ética para outra de sete anos? Respeitar as regras, aprender a ganhar e perder com cordialidade? Jogos de tabuleiro e esporte de equipe desenvolvem esses princípios.

E o que é felicidade para um filho? Sentir-se amado, aceito, querido e ter uma convivência familiar com saúde e alegria é viável presencialmente ou por telefone, Skype, recadinhos na lancheira; e faz a criança mais feliz. E as mães também.

CLAUDIO

Você certamente não está sozinha. Por isso, não se preocupe tanto nem pense que peca por amar os dois lados da sua balança. Existe um consenso de que hoje existem muito mais oportunidades de crescimento para as profissionais talentosas do que no passado. Isso é realidade especialmente em empresas modernas, que oferecem iniciativas como flexibilidade de horários e programas de mentoria, e também traçam metas de equilibrar melhor os gêneros em cargos de liderança.

Por sua vez, nunca foi tão difícil ser mulher nessa sociedade altamente competitiva em que vivemos, com um mercado de trabalho que se assemelha a um triturador de carne. Várias profissionais (com razão) não estão dispostas a trabalhar catorze horas por dia. Elas alegam que as horas intermináveis no escritório – mais a dedicação muitas vezes fora dele – as afastam cada vez mais do convívio com a família e acabam atrasando ou até minando o desejo da maternidade.

Talvez o conceito do que é "ser mulher" – aquele relacionado a fazer tudo perfeitamente, como se concorresse ao duplo prêmio de supermãe e superprofissional – é que precise mudar. Aliás, será que ainda existe essa cobrança absurda por perfeição ou é você quem continua dando muito valor a esse velho paradigma? Persistir nisso chega a ser perverso. Afinal, as mulheres lutaram tanto para chegar lá!

Não foi à toa que o conceito do *lean in*, lançado pela CEO do Facebook, Sheryl Sandberg, ficou famoso e se tornou um verdadeiro mantra para as executivas de sucesso que nasceram nas décadas de 1960 e 1970 – acelerar ao máximo na carreira profissional, nem que isso signifique abrir mão da vida pessoal. Ocorre que nem todo mundo enxerga o mundo da mesma forma e as mulheres têm repensado muito se vale a pena tanto esforço. Na outra ponta, as empresas, que de certa forma "puxaram" e continuam "puxando" essa ascensão feminina com suas iniciativas de diversidade de gênero, estão rebolando para evitar que elas joguem a toalha.

Sheryl Sandberg que me perdoe, mas viver os prazeres de uma vida plena faz parte do jogo. Se temos de decidir entre viver e trabalhar, alguma coisa está realmente muito errada. Eu respeito a executiva que deixa todas as outras coisas de lado para vencer na vida profissional, desde que seja uma opção consciente e não uma imposição. Todos os indivíduos, independentemente do gênero, têm o direito de fazer suas escolhas.

Uma boa parte das empresas felizmente já percebeu que suas mulheres estão repensando suas decisões. E, para evitar a perda desses talentos, vem procurando se adaptar aos novos tempos. Sem dúvida, é possível chegar a um meio-termo. Não tenho dúvida também de que as mulheres contam com o apoio dos homens mais jovens, que também querem mais flexibilidade das empresas para poderem ficar mais próximos de suas famílias. Num futuro próximo, tenho a impressão de que todo mundo vai sair ganhando com isso.

Uma boa parte das empresas já oferece benefícios com base em demandas femininas, mas aos poucos eles estão sendo estendidos a ambos os gêneros. Benefícios como licença-maternidade estendida (e, alguns casos, paternidade também), creche e horários mais flexíveis de trabalho são cada vez mais comuns.

Para citar um exemplo, a Pfizer Brasil, que entre 2008 e 2014 ampliou de 23% para 50% a participação de mulheres exercendo cargos de liderança, adotou uma série de medidas muito interessantes. Por exemplo, faz parte da rotina de todos os funcionários da área administrativa um programa de home office que prevê um dia da semana para trabalhar de casa, horário flexível e saídas antecipadas em duas horas às sextas-feiras e vésperas de feriado. A licença-maternidade foi estendida para seis meses e a de paternidade, para dez dias. Os funcionários recebem auxílio-creche até os filhos completarem sete anos. A fábrica conta com berçário e creche.

Felizmente, algumas empresas já entenderam que acontecimentos como engravidar e ter filhos fazem parte da vida. É muito triste essa falsa ideia de que temos de escolher entre carreira e vida pessoal, mas não podemos negar que uma boa parte dos ambientes de trabalho ainda impõe esse dilema às mulheres. Mesmo assim, se você não contar com uma mãozinha da sua empresa, mas tiver ao seu lado alguém que seja um parceiro no sentido pleno da palavra, as coisas certamente ficarão mais possíveis.

Nunca se sinta culpada por amar sua família e também seu trabalho. Ambos são importantes e necessários. Basta achar um equilíbrio para aliviar a culpa. Para compartilhar um exemplo da vida privada, minha esposa trabalha muito e viaja demais. Jantares que a fazem chegar mais tarde em casa também são rotineiros. Nós dividimos as tarefas em casa. Eu cozinho, levo minha filha à escola, ao médico, enfim, me ocupo dela em tempo integral. Mas nos momentos em que ela não está trabalhando, sua dedicação à nossa filha é total. O celular e o computador ficam longe nessa hora.

Sempre que possível, os jantares em família são sagrados; e é ela quem coloca a Luiza para dormir, não sem antes contar uma ou duas histórias. As duas têm o momento que é só delas todos os dias. Se for o caso, ela volta para os e-mails de trabalho depois de fazer a nossa pequena dormir. Nesse caso, a qualidade faz mais diferença do que a quantidade, tenha certeza disso. E minha esposa pode se dedicar totalmente a uma carreira que ela ama, sem abrir mão de ser mãe.

Lembra que eu mencionei antes a parceria e os momentos de cada um? Mais recentemente, minha filha chegou aos oito anos, e achei que era hora de me dedicar mais a escrever e fazer palestras no Brasil, mesmo morando no exterior. Como minha esposa está no melhor momento da carreira dela, não fazia sentido propor que desacelerasse agora. Por isso, decidimos contratar uma au pair*, a fim de me "cobrir" nesses momentos em que estou trabalhando. E, naturalmente, eu só viajo quando minha esposa está em casa, assim sempre tem um de nós para colocar a Luiza na cama e checar se está tudo bem. Seguimos compreendendo e apoiando o momento um do outro. Mas sempre com o cuidado de educar e amparar nosso bem mais precioso, que é a nossa filha.

Mas se você ainda não se convenceu de que é possível encontrar o equilíbrio, tomo a liberdade de reproduzir aqui a história da Cristiane Santos Blanch, executiva de comunicação numa multinacional. Mãe, esposa e profissional de sucesso, ela ainda arrumou tempo para, literalmente, correr atrás de um sonho. Tive o prazer de receber um texto de sua autoria que publiquei numa matéria para o meu blog, em novembro de 2014, cujo título era "Mãe, esposa e executiva. Que tal encarar mais um desafio?".

---

* Por meio de intercâmbio estudantil, uma pessoa que trabalha cuidando das crianças da casa em troca de hospedagem.

Para inspirá-la a não desperdiçar energia com sentimento de culpa, reproduzo abaixo a íntegra do texto que ela havia me enviado:

> "Meu nome é Cristiane Santos Blanch, tenho 36 anos, trabalho na área de comunicação corporativa de uma grande empresa, sou casada e tenho dois filhos. Vivo aquele dilema atual de tentar equilibrar a vida pessoal com a profissional. Como gosto de desafios, para tornar esse equilíbrio ainda mais complexo, decidi correr uma maratona!
>
> Minha história com a corrida começou há doze anos. Eu sempre fui sedentária, nunca tinha feito atividades físicas e o corpo começou a reclamar. Minha luta com a balança era cada vez mais difícil e eu precisava de um aliado: a atividade física. Por isso, comecei primeiro com a natação (eu não sabia nadar) e dentro da academia presenciei o boom das corridas de rua. Aquilo me encantou, mas eu não conseguia correr nem cem metros. Um dia, resolvi tentar.
>
> Foi difícil terminar um quilômetro, mas de alguma forma aquilo mexeu comigo. Aos poucos a resistência foi melhorando e comecei a participar das corridas de rua. Para mim, que nunca tinha me saído bem em nenhum esporte, ganhar uma medalha no final de cada prova era a glória, mesmo sendo apenas de participação.
>
> Tive alguns imprevistos, lesões, reinícios, mas a corrida traz uma vontade de ir além, de vencer você mesmo. Como nunca fui uma corredora rápida, as provas de longa distância chamaram minha atenção. Em 2007, fiz minha primeira maratona, na Disney. Terminei em 4h44, com um orgulho enorme.

Ao longo de todo esse processo e da minha história com a corrida, estava meu trabalho e minha família. Meu marido (que ao contrário de mim, fez muita atividade física na infância e na adolescência) voltou ao esporte também, correndo, nadando e andando de bicicleta. Fomos trilhando esse caminho juntos, equilibrando a vida pessoal e profissional.

Mas em 2007 tudo mudou. Vinte dias depois da maratona, meu grande sonho se realizava. Eu estava grávida! A vida esportiva ficou em espera e tudo que eu queria era me preparar para a chegada da Fernanda. Após o nascimento dela, retornei às corridas aos poucos. Cerca de dois anos depois voltei a correr provas de meia maratona. Meu marido e eu estabelecemos uma parceria e nos dividíamos para que cada um pudesse treinar.

Em 2010, mais um presente, agora a gravidez do Rodrigo! Mais uma pausa, mais um recomeço, e no final de 2011 eu estava de volta às pistas.

Com dois filhos, marido, casa, trabalho, família, não é fácil! É preciso se desdobrar e buscar horários alternativos e fazer um revezamento. Meu marido e eu tentamos nos revezar para que um fique com as crianças enquanto o outro treina. Quando temos que treinar ou correr no mesmo horário, entram em ação minha mãe, minha sogra ou mesmo minha empregada. Também faço um revezamento entre elas para não abusar de nenhuma.

A empresa em que trabalho também me permite equilibrar as coisas. Consigo fazer um dia de home office, o que me ajuda a trabalhar temas que exigem maior concentração. Saio sempre no horário para buscar meus filhos na escola e se há algo profissional que precise ser feito, espero eles dormirem para ligar o notebook. Também temos uma iniciativa corporativa muito bacana chamada "Happy Friday". Saímos do escritório às 3h da tarde às sextas-feiras, o que me libera para resolver várias coisas e ter o fim de semana mais livre com meus filhos.

Ao mesmo tempo, acho que como mãe me tornei mais produtiva. Fiquei mais focada, o que me permitiu sonhar com voos mais altos. No final do ano passado, decidi que estava na hora de repetir uma maratona e buscar um tempo melhor. Quem já fez uma corrida dessa extensão sabe que o treinamento é duro. Quatro dias por semana de corrida, musculação, fisioterapia. Meu treinador traçou minhas metas ao longo do ano para chegar aos 42 quilômetros. Amigos queridos também se inscreveram para participar da prova. E, para minha maior felicidade, meu marido também decidiu estrear nas maratonas.

Começou então a engenharia de horários. Ele treinava de manhã, antes das crianças acordarem. Eu fiquei com o turno da noite, depois que as crianças dormissem. No sábado, contávamos com a ajuda das avós, para que pudéssemos treinar logo cedo. E no domingo, meu marido ficava com as crianças enquanto eu fazia meu treino. Uma loucura. Mas, com disposição, deu certo!

As crianças curtiram cada etapa da preparação e se empolgam com as medalhas e as fotos. Lembro-me de uma vez que estava assistindo com a Fefê a prova da maratona das Olimpíadas e ela me perguntou: "Mãe, por que você não está correndo lá?". Quem me dera, pensei. Acredito que o exemplo do espírito esportivo, do trabalho e das responsabilidades que passamos em casa ajudará nossos filhos a serem adultos de caráter e pessoas felizes.

Quando meu marido, meus amigos e eu chegamos em Chicago, no início de outubro, era um sonho se tornando realidade. Estávamos lá para fechar o projeto de um ano, depois de mais de mil quilômetros percorridos em treinamento. Agora só faltavam os 42 quilômetros finais.

Claro que a prova é dura. Tem um momento em que você pensa: o que estou fazendo aqui? Mas a determinação e a vontade de chegar lá fazem ir além. E a mensagem de boa sorte que minha filha escreveu na camiseta que usei na prova me deu mais forças ainda.

A corrida parece um esporte solitário. Mas é só aparência. Porque para calçar o par de tênis e sair pelas ruas, é preciso se programar e ter o apoio daqueles que amamos (marido, família, filhos). Também é uma parceria que estabelecemos com aqueles que nos ajudam no treinamento (no meu caso, o César, meu treinador), porque sozinhos é muito difícil evoluir. O incentivo dos amigos também é essencial. Tenho um grupo de amigos no WhatsApp que é quase uma "terapia" coletiva.

Além disso, tenho uma parceria de vida com meu marido. Sabemos que juntos somos fortes e podemos fazer muito, mas também sabemos que precisamos apoiar um ao outro na realização dos nossos sonhos pessoais. Eu tinha o objetivo de fazer uma nova maratona e ir mais rápido do que na primeira (consegui, terminei em 4h04!). Meu marido foi lá e me acompanhou. Agora, nesse fim de ano, ele que vai se dedicar ao triátlon e eu estarei lá para apoiá-lo. E assim vamos equilibrando os pratos... um ajudando o outro, para que todos permaneçam intactos.

Os próximos sonhos? Me recuperar, voltar para as meias maratonas e, quem sabe, em 2016 volto aos 42 quilômetros!"

5 Nosso casamento tinha tudo para dar certo. Só na teoria

JOYCE

Não é novidade dizer que inexiste receita para uma relação afetivo "dar certo". Costumo comparar: se não há receita pronta para um negócio dar certo, um funcionário ou sócio dar certo, um projeto dar certo, que dirá um casamento em paralelo ao gás na carreira. No entanto, com base na minha experiência de ter um casamento que me realiza desde 1996, na pesquisa que fiz para o meu primeiro livro e nas milhares de reportagens que já escrevi sobre esse tema em 25 anos de jornalismo feminino, proponho analisarmos aqui alguns pontos de reflexão.

O que faz um casal vingar? Sexo frequente? A garantia de nunca haver traição? A promessa de jamais dormirem sem fazer as pazes? Com os dois trabalhando loucamente, haja disposição e cuidados. Como canta Fernando Anitelli, criador do projeto Teatro Mágico, na música "Realejo", "os opostos se distraem, os dispostos se atraem". É que, mais do que nunca, os dois precisam querer muito investir nessa vida em conjunto para botar um pouco do seu tempo e da sua energia nesse objetivo.

Cultivar uma boa relação dá trabalho, dá bastante trabalho. Como tudo o que é valioso. Mas esforço e recompensa são dois fatores que se retroalimentam. Eu me dou a esse trabalho desde 1996, porque me sinto recompensada por essa escolha. Não é assim com todos: tem gente com pouca paciência e tolerância, outros mandam tão bem na carreira, que resistem a entregar seu coração temendo a vulnerabilidade do relacionamento a dois, e há ainda aqueles que se sentem mais livres quando solteiros.

O amor continua sendo abordado em verso e prosa, mas está cada vez mais raro encontrar quem queira abrir mão do que gosta, e da sua singularidade, em nome dele. Por isso, acredito que o "querer" ter um casamento paralelamente à luta pela realização profissional precisa ser uma escolha bem consciente. Em outras palavras, tanto a individualidade quanto os hábitos de compartilhar e de dividir devem coexistir no dia a dia do casal, e isso é expresso por um ingrediente-chave: uma boa comunicação.

Fora que a comunicação é fator primordial para a intimidade. Caminhar para ser emocionalmente madura no relacionamento significa entender que não está se relacionando com um espelho, que age somente como você gostaria, refletindo sua imagem narcisista focada no próprio prazer e nas próprias necessidades. Também é perceber que seu parceiro não é como seus pais, que muitas vezes se empenhavam para adivinhar e a fazer todas as suas vontades. Nesse contexto, aprender, principalmente, a ouvir é essencial.

Verdade que, por causa da vida estressante, está mais difícil para os casais criarem e fortalecerem o vínculo amoroso, a fim de não virarem estranhos e romperem. São tantas obrigações, horas trabalhando, cansaço, pressão por resultado, trânsito, violência, distrações virtuais... e outras ameaças à intimidade e ao clima de namoro (sem sexo é amizade, não casamento!), que mais gente casa e se divorcia também. No entanto, nunca as pessoas se sentiram tão carentes e solitárias. E eu ainda acho maravilhoso ter companhia para dividir o vinho e a cama nas noites de sexta-feira, em vez de ficar curtindo a felicidade dos outros no Facebook.

Defendo que não devemos colocar todas as fichas na carreira, e sim distribuir algumas para outros interesses que cada pessoa tenha. Já entrevistei muitas(os) executivas(os) poderosas(os) que não têm motivo para voltar para casa, que não são nada sem o cartão de visitas corporativo, e acho isso uma pobreza. Afeto ainda é uma necessidade humana. Não chegamos ao ponto de prescindir do outro.

Há coisas de que o mundo dos negócios, especialmente o corporativo, não dá conta, assim como há coisas de que o relacionamento afetivo não dá conta. Como diz a genial atriz Clarice Niskier, da mesma maneira que a gente quer um homem que compreenda nossa dedicação ao trabalho, quer alcançar uma forma de trabalhar que compreenda nossa dedicação ao plano afetivo, familiar... Algum equilíbrio é possível, mesmo que não seja o ideal 50%/50%. É por isso que escolher bem o parceiro é essencial para ajudar nessa balança. Claudio e eu escolhemos, então você também pode fazê-lo.

Não faltam pesquisas dizendo que ter parceria amorosa reduz stress, economiza dinheiro, faz bem ao coração (o órgão)... Agora, amor é construção. Não basta ligar um botão, controlar e querer ver resultados imediatos. Entre muitos casais formados hoje, há pouco conhecimento sobre quem é o outro e pouca curiosidade de perguntar, questionar, refletir, arriscar formas diferentes de fazer as coisas.

Pecamos muito com nosso coração quando somos rigorosos e inflexíveis demais. Não somos tão exigentes com um amigo quanto somos com o ser amado. Se o primeiro tem duas ou três características que valorizamos, está ótimo. Já o(a) parceiro(a) precisa satisfazer em tantos aspectos, que vira missão impossível. A saída é sermos mais generosos e empáticos com quem amamos. Em outras palavras, procurar entender o lado do outro antes de julgar. Ou ficaremos trocando de relações, porque elas não duram. Muitos relacionamentos fracassam porque cada um quer que apenas o outro se ajuste ou ceda aos seus desejos. Será o seu caso?

> "Verdade que, por causa da vida estressante, está mais difícil para os casais criarem e fortalecerem o vínculo amoroso, a fim de não virarem estranhos e romperem."

Uma das coisas que mais colaboram para um casal criar um modelo único de convívio – sim, é único, porque vivemos um período de transição em que o modelo das gerações passadas não nos serve mais – é a abertura para mudanças. Os amantes mais felizes acreditam na possibilidade contínua de melhoria. Sabem que precisam ajustar-se e ceder um pouco, a fim de um acrescentar vitalidade e significado à vida do outro. Lidam bem com a união entre individualidade e conjugalidade. Claudio ter aceitado fechar o próprio negócio e mudar-se com a esposa e a filha para o outro lado do planeta, em prol da carreira dela, é um excelente exemplo disso. E a adaptação dele à nova vida não foi fácil.

É comum ver pessoas buscando só prazer ou fugindo da dor, e o processo de amar facilita alguns machucados – mas pode compensar. Expressar o que se quer não é perda de tempo. Muito pelo contrário. Só que, depois de expressar, vem os combinados, os acordos, que o Claudio chama de "contratos". Eles precisam ser revistos, reconversados de tempos em tempos, pois a vida é dinâmica.

Para dar o meu exemplo, enquanto eu era funcionária numa grande empresa, a vida conjugal era de um jeito. Depois que passei a empreender com meu marido, a vida conjugal mudou tremendamente. O que continua em comum é a nossa vontade de batalhar por projetos em comum, como o de criar nosso filho e de visitar o mundo todo (admito, se depender dele só vamos a resorts à beira-mar *all inclusive*, mas ele me ama e me acompanha em destinos mais aventureiros, como quando andamos sobre as geleiras da Patagônia argentina).

Relacionamentos afetivos trazem experiências tão deliciosas e gratificantes quanto profissionais. O que não significa que ambos sejam fáceis. Como diz Carlos Drummond de Andrade, muitos se apaixonam muitas vezes, mas poucos amam de verdade, por não prestarem atenção aos sinais. E a atitude esperta, que ele ressalta em um poema, é não deixar que as loucuras do dia a dia deixem homens e mulheres cegos para a melhor coisa da vida.

Atualmente, há uma infantilização disseminada na nossa cultura, que atinge em cheio os relacionamentos afetivo-amorosos. Ela trouxe a ideia de que temos um prazo de vida curto diante de tantas possibilidades para provar. Trocando em miúdos, essa ânsia por viver tudo e rapidamente a que temos direito dificulta escolher. É aquela coisa de você estar solteiro e ficar pensando que talvez fosse melhor estar casado. E estar casado e ficar pensando em um monte de coisas que deixa de aproveitar porque não está solteiro – e isso gera ansiedade e/ou insatisfação. Para sair desse ciclo, o casal precisa amadurecer aproveitando mais o que tem e quer, em vez de ficar pensando no que não tem e talvez nem queira de verdade.

Um casal que entrevistei para uma reportagem sobre vínculo escreveu a seguinte declaração a quatro mãos:

"Aprendemos a...

...compartilhar tempo e espaço. Afinal, cada um tem o seu trabalho para cuidar e mais uma casa para tocar juntos. Isso nos coloca numa maratona de conversas sobre os próximos passos da nossa história.

...a ceder. Nem todas as briguinhas valem o gosto amargo que fica depois. Vemos casais que se falam mais pelo celular do que ao vivo e rareiam o velho e bom abraço. Queremos que nosso casamento de fato nos una, nos torne confiantes para enfrentar a vida.

...respeitar a individualidade de cada um e apreciá-la. E respeito não se resume só a não elevar a voz e ter carinho à noite. É estimular o outro a buscar felicidade e entender que estar junto não quer dizer fazer tudo junto.

...não desprezar as fraquezas e os defeitos de ambos, mas também ter tolerância. Assim, a relação fica mais leve, saudável e diferente! Sempre haverá algo a melhorar.

...perdoar e esquecer. E como é difícil isso! Mas, para uma relação durar, temos de botar uma pedra no assunto, tirar lições daquilo e superar."

Patricia e Henrique

CLAUDIO

A Joyce já comentou, com muita propriedade, todos os dilemas que envolvem a mulher moderna e seus relacionamentos amorosos em seu primeiro livro e nos 25 anos em que escreveu nas principais revistas femininas do país. Ela é uma expert no assunto. Por isso, o que tenho a dizer sobre o quesito casamento é baseado na minha vivência e no que observo ao redor. Concordo inteiramente com ela quando menciona que as mulheres não precisam abdicar do amor para alcançar o sucesso profissional.

Mas seria muita ingenuidade fechar os olhos para os fatores profissionais que acabam influenciando nos relacionamentos, como as horas inesgotáveis passadas no escritório que acabam com nossas energias para um cineminha seguido de jantar na sexta-feira à noite. Sem contar a "jornada extra" de cuidar dos filhos e da casa. Lembro sempre da figura do equilibrista de circo. Certamente, não é fácil equilibrar aquele pratinho do casamento quando os pratinhos dos filhos e da carreira começam a parar de girar.

Mas para tudo dá-se um jeito, certo? Embora reconheça que a vida para as mulheres não anda fácil, acho que o primeiro ponto a levar em consideração é que o casamento tem como pré-requisito básico a participação de uma outra pessoa. Não se trata de uma decisão unilateral. Por isso, é minimamente razoável que esse casal tenha pontos e objetivos em comum.

Eu gosto muito de uma frase da jornalista especializada em finanças pessoais Mara Luquet, que define bem essa situação. Segundo ela:

> "Não é mais preciso casar para nada – nem para ter filhos, nem para ter uma vida sexual ativa e nem mesmo para envelhecer (para isso foram criados os planos de previdência). Então, a única razão que vejo para alguém se dar ao trabalho de encarar este enorme desafio de ter uma vida em conjunto é, de fato, o desejo de tocar um projeto em comum, com alguém que amamos."

É isso mesmo, a definição da Mara é perfeita. Eu acrescentaria apenas que, a partir do momento em que você tem filhos, se os tiver, também não faz sentido deixá-los de fora desse projeto em comum.

Levando em consideração que o amor e a sexualidade são pontos essenciais para que duas pessoas fiquem juntas, a vida a dois, do ponto de vista prático, é mais ou menos um contrato que assinamos com alguém. A duração é variável e depende do esforço e da afinidade de ambos, lembrando que todo contrato bem-feito leva em conta, inclusive, uma cláusula de rompimento.

Quando você assina um contrato com alguém, tem de levar em conta quais são seus objetivos pessoais e se esses objetivos interessam também àquele que está se casando com você. Parece muito racional? Talvez. Mas na prática é exatamente isso que acontece. Muitos contratos são "rasgados" muitas vezes antes do primeiro aniversário de casamento porque os objetivos individuais não combinam com os objetivos individuais da outra parte envolvida!

Quantas vezes você não viu casais que tinham um relacionamento excelente terminarem tudo porque um deles não queria, de forma nenhuma, ter filhos? Nos tempos modernos, a carreira profissional acaba entrando nesse contrato. Se ambos, por exemplo, tiverem como prioridade seu sucesso profissional e, ao mesmo tempo, ter filhos, uma das partes em algum momento vai ter que ceder em algum ponto, sob o risco de ver aquele contrato ir parar na lata do lixo.

Por isso, a recomendação que eu daria para qualquer um, seja homem ou seja mulher: pensar nessas encruzilhadas que podem surgir no futuro antes de tomar uma decisão tão importante como casar. O "tudo para dar certo" de hoje pode não ser tão certo amanhã. Mas como a vida não é tão cartesiana assim (ainda bem), não tem nada de errado com a filosofia do "deixa a vida me levar" do Zeca Pagodinho – desde que ela leve para o lado da felicidade.

No meio-termo, existe a possibilidade de revermos esse contrato sempre que alguma coisa estiver "pegando" para alguma das partes. Afinal, somos seres pensantes, que vamos acumulando nossa bagagem individual pelo meio do caminho. Nossa visão do mundo evolui com o passar do tempo e nossos objetivos e nossas prioridades podem sempre mudar. Aí chega a hora de preparar os termos aditivos do contrato.

Sobre isso, tenho uma experiência pessoal para relatar. Meu "contrato de casamento" ficou mais ou menos intacto por quase dez anos, até quando nasceu nossa primeira e única filha. Ambos tínhamos carreiras bem-sucedidas, trabalhávamos feito malucos, viajávamos demais e na maior parte do tempo a Luiza ficava entregue aos cuidados de uma babá, sob a supervisão da minha mãe ou da minha sogra.

Eu adorava o que eu fazia, mas cheguei à conclusão de que eu gostava ainda mais da minha filha. Estava extremamente incomodado com o fato de que nem eu nem minha esposa podíamos dispensar a ela a atenção que a pequena merecia. Chegava a hora de revermos o tal contrato, pois algo precisava mudar.

Claro que minha esposa amava minha filha acima de tudo. Mas, analisando os momentos de cada um na carreira profissional, tomamos uma decisão em comum: eu faria outra coisa, abriria um negócio próprio, que me permitisse ficar um pouco mais em casa; enquanto ela continuaria investindo no sucesso profissional e poderia, ao mesmo tempo, garantir o sustento da casa sozinha nesse período de transição.

A decisão foi acertada. Prova disso é que pouco mais de um ano após eu deixar meu emprego e me tornar proprietário do meu próprio negócio, ela recebia um convite para trabalhar em Singapura. Dessa vez, chegara a hora não só de rever nosso contrato, mas de fazer um novo, pois as coisas, literalmente, ficaram de cabeça para baixo. A partir daquele momento, me tornei oficialmente um dono de casa, que dependeria do salário da esposa, morando longe dos amigos e da família num país desconhecido do outro lado do planeta e tendo como companhias, na maior parte do tempo, uma criança de três anos e uma empregada filipina.

Somente pelo resumo acima, já dá para imaginar que não foi fácil. Eu conto essa história em detalhes no meu primeiro livro (*Macho do século XXI: o executivo que virou dona de casa. E acabou gostando*), por isso, não vou me estender nesse tema e nos detalhes dessa história. Mas mencionei isso aqui porque aprendi que podemos mudar nossas decisões a qualquer momento – até porque nossos valores também evoluem.

Contratos são feitos para serem mantidos, revistos e, eventualmente, até serem cancelados. Isso não é o fim do mundo, faz parte da vida. Todos nós buscamos a felicidade, e obstáculos sempre vão aparecer no caminho. Mas uma coisa é certa: quando levamos em conta nossos valores e o amor que temos pelas pessoas que estão à nossa volta, todas as nossas decisões serão corretas.

> "Nos tempos modernos, a carreira profissional acaba entrando nesse contrato."

6 Dono de casa vai virar uma profissão, e posso ser a provedora

CLAUDIO

Já mencionei anteriormente, esse foi o meu caso. Sem querer, acabei virando dono de casa. E acabei gostando. Tenho o maior orgulho de compartilhar minha história, mas nem sempre foi assim.

No início, parecia o fim do mundo. Depois fui compreendendo tudo o que estava em jogo, deixei de me preocupar com o que os outros pensavam para priorizar meu objetivo principal, que era a felicidade da minha esposa e da minha filha, e me tornei uma pessoa extremamente realizada. Dou entrevistas à imprensa e palestras nas empresas e nas universidades, pois tenho o maior orgulho de compartilhar minha história. Mas não posso negar que foi uma quebra de paradigma e tanto, não somente para mim, mas também para minha esposa.

Essa situação de a mulher bancar a casa enquanto o homem assume as funções domésticas não deveria, mas ainda pega demais. Eu havia trabalhado minha vida inteira como executivo, até que, em 2009, deixei um emprego estável para me aventurar na abertura de uma loja de vinhos. Um ano e pouco depois, abandonei a recém-iniciada experiência de empresário para acompanhá-la no exterior. Por ironia do destino, foi justamente uma compra de vinhos que eu fiz em Singapura que me fez perceber que a minha vida tinha mudado da água para o vinho, ou melhor, do vinho para a água.

Fui dormir no Brasil, mas somente quando acordei, já na Ásia, descobri coisinhas "básicas". Por exemplo, que eu dependeria do dinheiro da minha esposa até para comprar um "sanduba" na esquina. Nem conta no banco eu tinha mais – alguns dias se passaram para eu entrar numa conta-conjunta. Para tirar dinheiro no caixa automático, precisava do cartão de débito dela. E, claro, como titular da conta, ela recebia pelo celular qualquer movimentação minha com o cartão. Fiquei quase seis meses sem assinar um cheque. No primeiro que assinei, para o rapaz que veio em casa consertar o ar-condicionado, ele não entendeu nada. É que fiquei com os olhos cheios d'água, de tanta emoção.

Voltando aos vinhos, eu vivia me queixando do fato de a minha adega refrigerada ter ficado no Brasil. Minha esposa resolveu me fazer um agrado; e, sem eu saber, um entregador bateu na porta de casa com uma adega superbacana, com capacidade para 48 garrafas. Tal qual uma criança que ganha um novo brinquedo, saí em desabalada carreira para uma loja de vinhos, com o objetivo de completar o presente.

Assim que passei pelo caixa, meu telefone tocou imediatamente. O vinho ainda nem tinha sido empacotado, e ela queria saber por que eu havia gastado tanto na loja. Não se tratava de nenhuma extravagância, não era nada que eu não estivesse habituado a fazer, ou que não tivéssemos dinheiro para pagar. Mas, naquela hora, o DNA dela se manifestou. Certamente pensou: "O cara nem chegou e já está gastando essa grana; acho melhor dar um breque nessa situação agora". Hoje a gente dá risada disso, mas, naquele dia, o bicho pegou lá em casa.

Em Singapura, todos os casais de brasileiros que conhecemos enfrentavam a situação mais "convencional": o marido havia sido transferido pela empresa e a esposa teve de abandonar a carreira com essa mudança, ou seja, eram as mulheres que viviam uma condição como a minha.

Às vezes, nós nos encontrávamos num evento social, como uma festa ou um jantar e, invariavelmente, um assunto vinha à tona, na rodinha dos "meninos". Um deles sempre puxava o coro das lamentações: "Cara, não sei o que acontece com a minha mulher. Ela vai para academia de manhã e passeia no shopping à tarde, enquanto a empregada faz tudo em casa, mas vive dizendo que quer voltar para o Brasil". Quase todos, indignados, assumiam que viviam mais ou menos o mesmo em casa. Menos eu, que respondia em tom de brincadeira, para não apanhar na mesa: "Entendo perfeitamente como essas mulheres estão se sentindo. Não é fácil ser mulher (nem marido) de expatriado".

Homem nenhum que eu conheça está preparado para passar por situações pelas quais passei. Mas tirando o fato de eu ser do sexo masculino – embora não falte gente cobrando, todos os dias, sobre o fato de você não estar trabalhando – o mesmo se aplicaria à ala feminina. Qual é a mulher independente, com uma carreira em curso, que quer retroceder no tempo e ficar dependendo do dinheiro do marido?

> "Homem nenhum que eu conheça está preparado para passar por situações pelas quais passei."

Além disso, existe a parte intelectual. Cuidar de uma casa e dos filhos não é uma tarefa fácil – hoje eu valorizo demais as mulheres que ainda carregam nas costas a "jornada dupla" de trabalho – mas ninguém se esforça tanto tempo para terminar uma universidade, um mestrado, um MBA e depois acabar pendurando o diploma numa parede. Nossa vida é movida por desafios. E os desafios de uma vida doméstica, cá para nós, não são tão atraentes assim. Por isso, não será fácil encontrar um homem que vai se dispor a ficar em casa. Mas eles existem e são mais numerosos do que você pensa.

Agora, se você encontrar um pela frente, trate de segurá-lo, pois ele vale ouro. Mas será que está preparada para ser a provedora da casa? A resposta quase sempre é negativa. Por isso, se for o seu caso, prepare-se psicologicamente. E fique sabendo que ambos vão travar uma luta eterna contra o DNA humano. Ele, com o DNA do homem provedor, aquele que deixa a caverna a fim de trazer comida para a sua prole. Você, com aquela figura que espera, quentinha na caverna, por aquele homem protetor e forte, a ponto de tê-lo escolhido para passar seus genes adiante.

Lembre-se de que você também tem cérebro e não é composta apenas pelos cerca de 27 mil genes que compõem o genoma humano e um cromossomo X (que define o sexo feminino). Se é a principal provedora (ou única) da casa, isso não é o fim do mundo, embora seu DNA sempre dirá o contrário. Por mais que a mulher seja independente, ou por melhor que seja a situação financeira da casa, algum dia ela vai querer acionar o botão de pânico. Respire fundo e conte até dez antes de fazê-lo. Seu marido (e sua relação) agradecem.

Até bem pouco tempo atrás, minha mulher ainda me dava bronca porque eu sempre comprava um papel higiênico mais caro no supermercado. Só dando muita risada mesmo. De preferência, juntos, o que acontece muitas vezes. Ainda bem.

JOYCE

Sou filha de dentistas que se conheceram na faculdade. Apaixonados, os dois se casaram como manda o figurino e logo montaram um consultório conjunto. Os dois trabalhavam nele até que os três filhos chegaram (sou a mais velha, nascida em 1965) e um dos "sócios" resolveu pôr o diploma na gaveta para cuidar exclusivamente da prole e da casa. Adivinha quem foi?

Se você pensou no meu pai, está com a sua mente mais conectada com os dias atuais. Se pensou na minha mãe, deve ter imaginado que tal decisão ocorreu na década de 1960, época na qual um profissional trocar o jaleco branco de doutor pela vassoura e pelo fogão seria um escândalo para a sociedade e motivo de vergonha para a família inteira; em compensação, partindo de uma profissional seria totalmente compreensível – e até esperado. Não querendo fazer suspense, mas já fazendo, vou contar o meio e o fim dessa história pessoal na minha conclusão desta resposta.

Voltemos aos dias atuais. Essa e outras convenções sociais estão sendo revistas. Especialmente no Brasil, depois das novas regras para contratar empregados domésticos, mais gente deverá ficar entre a cruz e a caldeirinha (trabalhar ou cuidar da casa?). O alto custo de ter ajudante do lar, entretanto, não é a única motivação para um dos cônjuges pedir demissão do emprego ou guardar o diploma na gaveta e delegar ao outro o papel de provedor.

Vide a história de Claudio, que entendeu que a esposa havia recebido uma proposta de trabalho irrecusável e colocou a família à frente de sua loja de vinhos. Cito ainda o que me disse, em 2014, um entrevistado, que vou chamar aqui pelas iniciais B. D. Ele virou dono de casa após a chegada da filha, que nasceu com cinco meses, ficou seis meses na incubadora e depois foi para casa, exigindo cuidados especiais. B. D. era representante comercial autônomo e sua mulher, gerente numa grande empresa. Avaliaram ser mais seguro manter o salário e o plano de saúde dela.

Há namorados, maridos e namoridos bem diferentes daqueles de décadas atrás, e você pode se apaixonar por um. Conhece o lema "melhor do que querer estar sempre certo é ser feliz"? Para o homem contemporâneo bem que cabe a comparação "melhor do que querer ser sempre o sexo forte é ser feliz". Há especialistas afirmando que felicidade (mais que status financeiro) é o que desejam cada vez mais representantes da ala masculina. Atualize-se.

Certa vez, entrevistei a neuropsicóloga Beatriz Carunchio, que explicou:

> "Os homens estão mais envolvidos emocionalmente nas relações, principalmente nos papéis de companheiro e pai. Com isso, os vínculos e conceitos de família, casamento ou romance, paternidade, se transformam. Os motivos são diversos. Os meninos estão sendo educados de forma menos rígida e mais afetiva. Percebemos isso nas brincadeiras. Muitos curtem imitar o papai, cozinhar e se arriscam em atividades vistas no passado como 'femininas'. Tal mudança representa maior abertura para o mundo onde as relações pessoais acontecem."

As próprias transformações sociais que afetam a todos nós, como a conquista de mais direitos por parte das mulheres, reforçam a ideia de que cada um pode ser ele mesmo e ficar tudo bem. Deixar de ser um herói de fachada e ser o herói da própria história, em parceria com as pessoas queridas que fazem parte da sua vida. Se nossos pais e avós aprenderam a estruturar suas relações por meio do poder, força e virilidade, podem agora relaxar um pouco mais. Ufa!

Beatriz conta que já atendeu um menino de onze anos cujo pai não permitia sequer que tocasse na geladeira ou na pia da cozinha. Também não demonstrava amor pelo filho, dizendo que isso não era "coisa de homem". Como resultado, o garoto não conseguia se expressar e nem mostrar o que sentia, pois se percebia inadequado.

> "Essa situação só se mostrou como um problema porque, hoje, nossa visão de homem não se encaixa mais aos padrões antigos. Por exemplo, é normal que busque terapia por dilemas ligados à afetividade e até para ser um pai melhor. Anos atrás, iria apenas por questões ligadas à saúde (pânico, depressão...) ou à carreira."

Historicamente, eles foram ensinados a sempre ter soluções na manga, e não a pedir colo. Acontece que, no contexto atual, os papéis não estão tão claros nem tão estáveis. Claro, falo de um processo, o qual os mais jovens assimilam melhor. Mesmo assim, tais mudanças implicam novos desafios. Delegar a responsabilidade financeira implica que o casal exercite o desapego, a confiança e a cooperação. Não dá para a mulher topar ser a provedora e ficar jogando na cara do parceiro que é ela quem paga tudo, assim como não pode ficar exigindo que ele cuide das tarefas domésticas exatamente como ela faria. Sei de casos em que o dono de casa cria uma relação tão próxima e bacana com os filhos, que deixa a mulher e mãe mortificada de ciúme.

É por isso que a gente pergunta: você tem estrutura emocional para essa inversão de papéis? Se é o melhor para o casal, antes de entrar num acordo dessa magnitude, diálogo é essencial. E não vacile em buscar a ajuda de um terapeuta ou *coach* para trabalhar suas crenças e inseguranças se a barra pesar. O que vale é achar o modelo que melhor veste os objetivos e os propósitos dos dois.

O que mais vejo é uma situação temporária. Claudio mesmo descobriu novas atividades profissionais como escritor, roteirista, palestrante, a fim de conciliá-las com os cuidados com a casa e a paternidade ativa. Passados dez anos, B. D. aceitou ser gerente de negócios de uma empresa com agenda flexibilizada, para conciliar trabalho com as atribuições domésticas. A vida está dura, financeiramente falando, para nos darmos ao luxo de apenas um dos lados prover a família. E vamos viver mais, então precisamos criar uma reserva para não sugar os filhos na velhice.

Minha mãe ficou em casa dos 25 aos 40 anos, até eu e meus irmãos nos tornarmos mais autônomos, quando a freira do colégio em que estudávamos pediu que ela olhasse o estado dos dentes de um grupo de meninos carentes. Esse trabalho voluntário a levou a começar a atender crianças com deficiências físicas e/ou mentais que eram rejeitadas em muitos postos de saúde.

Resumo da ópera: tornou-se, nos anos 1990, uma referência no Brasil em odontopediatria para pacientes especiais. Tanto que palestrava em congressos na América Latina para incentivar o tratamento de crianças com Síndrome de Down, paralisia cerebral, autismo – tudo com respeito, competência e carinho.

Já meu pai, trabalhou naquele mesmo consultório por quarenta anos, fazendo uma carreira mais linear, batalhadora, mas sem tanto destaque quanto alcançou a esposa. Cumpriu bem seu papel de provedor, e na paralela faz o café e a feira até hoje. Ambos estão aposentados, mas de vez em quando liga um cliente ou outro pedindo para serem atendidos por eles. Recorrem ao consultório de uma generosa colega.

Impossível prever o que aconteceria se ele tivesse virado dono de casa por 15 anos, no lugar dela. Mas, a julgar pelo sucesso que minha mãe fez retomando a carreira com 40 anos, talvez tivesse sido uma decisão interessante para a família inteira.

7 Eu não sei se fiz as melhores escolhas na minha vida

JOYCE

No passado, era mais simples. Crescíamos para assumir papéis estabelecidos pela sociedade e havia menos opções. O homem seria machão, protetor, provedor, brilharia numa profissão, cuidaria da família, teria mulheres para transar e uma quase santa e parecida com a mãe para casar. A mulher seria esposa e mãe exemplar. Fiz um curso sobre "o que é hoje um casamento feliz" em que o psicanalista docente explicava que essa instituição dava mais certo no passado porque cada um já sabia como deveria agir. Seu *script* era conhecido. Gostasse ou não, tinha menos dúvidas do que atualmente.

Tudo isso virou de cabeça para baixo. Muito mais opções de futuro. Tantos caminhos disponíveis, com gente adotando os mais variados estilos de vida. Em outras palavras, o livre-arbítrio dá o tom da modernidade – ou deveria. Quer viver com muito dinheiro ou defender que "menos é mais"? Trabalhar remotamente ou quase morar dentro de uma corporação para chegar à diretoria? Investir no mercado financeiro ou na economia compartilhada/criativa? Ter ou não filhos? Casar, juntar ou viver muito bem só? Prestar concurso público atrás de estabilidade ou empreender? Sair de carro ou de bike? E por aí vai.

Portanto, é natural que qualquer um de nós se pergunte se está fazendo as melhores escolhas: pois, quanto mais opções, mais desafiadora cada decisão pode ficar e mais dúvidas podem surgir. O essencial é conscientizar-se de que escolha implica perder de um lado para ganhar de outro; não dá para ter tudo.

Uma amiga que é psicóloga especialista em stress comentou comigo que vê gente querendo assobiar e comer farofa ao mesmo tempo. Não rola. Com as pacientes dela, o que faz é abrir janelas para que possam ver além do óbvio. E, como muitas se queixam de stress, ela procura trabalhar bastante a noção de custo–benefício de cada escolha. Por exemplo, convida-as a refletir se talvez desacelerando um pouco elas acumulem menos status e poder, mas possam ganhar uma preciosidade mais cobiçada hoje, chamada *tempo*.

Como todo mundo, eu já fiz escolhas difíceis. Para citar algumas: fui professora de balé dos 14 aos 21 anos, mas quando acabei a faculdade de jornalismo, sentia que não seria bem-sucedida caminhando com duas profissões tão diferentes ao mesmo tempo. Optei pelas "letrinhas".

Outra escolha difícil foi a de querer trabalhar na mesma empresa por 25 anos, e sempre nas revistas femininas, quando o mais comum entre os jornalistas era engordar o currículo com empregos diferentes. Muita gente duvidava da minha capacidade profissional por causa disso, me olhava como "acomodada", mas não era nada disso. Ganhei um conhecimento raro comparado ao de tanta gente que sai por aí falando de mulheres, porque tenho na minha bagagem o histórico da evolução feminina, além de milhares de entrevistas e pesquisas realizadas.

A maior das escolhas foi quando, aos 35 anos, me vi grávida de cinco meses de gêmeos, um sadio e o outro com má-formação do diafragma. Precisava decidir se eu faria uma cirurgia intrauterina para corrigir o problema de um bebê, sendo que isso poderia colocar em risco a vida do outro. O que você teria feito no meu lugar?

Olhando para essas e outras escolhas que precisei fazer na vida, constato que busquei ouvir meu coração, mas também me cerquei de informações racionais, de lógica, ou seja, o mercado para bailarinos no Brasil era restrito no final dos anos 1980 e continua até hoje. Fiz carreira no jornalismo feminino porque amava trabalhar com esse universo, e isso me deu um conhecimento ímpar que aplico atualmente em palestras e livros.

Sobre a minha gravidez, eu não arriscaria três vidas fazendo aquela cirurgia. Optei por esperar o nascimento, deitada imóvel numa cama por cento e três dias a fim de prolongar a gestação ao máximo. Infelizmente, o coração do meu bebê com hérnia diafragmática estava frágil e parou de vez com 22 horas de vida. Perda e ganho, pois meu outro filho cresce e me enche de alegrias, mostrando que todo o meu esforço, e o do meu marido, para levar a gestação até o fim valeu muito a pena.

Como a gente tende a prestar mais atenção ao que está perdendo, muitas vezes não repara direito nos ganhos. Agradeça pelo que já ganhou. E como sair de uma situação de ponto de interrogação sobre o que escolher daqui para frente? Como eu gosto de visualizar as coisas no papel, de pôr as questões em palavras, unindo emoção e lógica, sugiro fazer um exercício de autoconhecimento que parece bobo, mas pode ser revelador. Experimente estabelecer seus objetivos atuais em cada área da vida (social, familiar...). Divida-os em três níveis: imediatos, a médio e a longo prazo. Em seguida, comece a priorizar.

Importante: refletir se está listando realmente os seus objetivos ou se está se deixando influenciar pelos objetivos de outro alguém. Não é hora de querer agradar ninguém antes de si mesma. Lembre-se: trata-se da sua vida – sem chance de replay. Eu não me esqueço de revisar esse meu Planejamento de Satisfação Individual (PSI) periodicamente, pois meus interesses são dinâmicos, eles vão mudando de acordo com meu momento de vida.

> "Como a gente tende a prestar mais atenção ao que está perdendo, muitas vezes não repara direito nos ganhos."

Como nos automotivarmos? Com alguma gratificação para as metas que alcançamos. Agora, esse processo será vitorioso se entendermos também que precisamos estabelecer limites. Muitas de nós somente se convencem de que precisam acionar o freio de mão quando ficam muito doentes. Por isso, repito: faça escolhas e saiba que não vai poder ter tudo. Sem buscar alternativas, não tem como mudar.

Para não agirmos no piloto automático, minha sugestão é perguntar com sinceridade, de tempos em tempos: "qual é a minha verdade?". Não é uma perguntinha qualquer, mas é melhor do que ficarmos nos enganando. Tão difícil generalizar o que é autorrealização! Alguns querem ver o amarelo, o roxo, o azul... enquanto outros se sentem felizes mirando só no azul. Uns querem trabalho, viagens, amores. Outros querem só um pilar. Mas temos uma pista excelente do que não nos realiza: é quando nos afastamos do que é essencial para nós, da nossa essência.

Outro ponto a se considerar é que precisamos nos permitir errar e aprender a lidar com a frustração. Quando escolhemos um parceiro amoroso, não temos 100% de garantia de que vai dar certo. Mas temos de tentar. Ficar debaixo das asas de um emprego ou empreender é outra decisão que envolve riscos. Querer gerar um filho, então, é arriscadíssimo, porque ainda não inventaram manual de instruções para pais. Eu erro tanto como mãe! Acerto bastante também.

Avançamos na vida na base da tentativa e do erro. Caindo e levantando, corrigindo rota, refazendo planos, tentando de novo, até que alcançamos muita coisa boa. Como disse o Claudio, somos livres. Não precisamos ficar num relacionamento tóxico, num emprego infeliz, numa rotina insatisfatória. Quem intuir que não fez as melhores escolhas tem sempre a chance de aprender com os erros e recomeçar sendo resiliente.

É fato que o novo feminismo aumentou demais a consciência da mulher, levantando questões genuínas e fundamentais, que não podemos negar, ou vamos adoecer (física e/ou emocionalmente). Por exemplo: "o que eu mais quero para a minha vida?". Realização profissional e independência financeira lideram a lista de anseios para a maioria. E cresce a pressão para que você acredite que precisa escolher entre uma carreira de sucesso e amor/maternidade. Eu me lembro de uma pesquisa, publicada no jornal *Valor Econômico*, mostrando que 80% dos altos executivos eram casados, enquanto apenas 20% das grandes diretoras e presidentes o eram.

Eu rejeito totalmente essa crença de que a mulher precisa sucumbir a vida pessoal e só enxergar trabalho pela frente se quiser chegar à presidência. Dá para aguentar essa vida exaustiva e focada só em resultados por um tempo, mas uma hora a corda rompe. Em 2015, o mercado foi surpreendido quando uma das mais poderosas executivas do mercado de beleza deixou a direção. Alegou querer se dedicar mais a ela própria e à família, além de equilibrar melhor descanso com reinvenção profissional. Sim, porque ela não vai parar de trabalhar, e sim buscar melhor equilíbrio de seus papéis.

Pode ser que, ao dizer que talvez não tenha feito as melhores escolhas, você esteja sentindo falta de tempo e energia para se dedicar mais a si mesma e à família. Não está errada e tem todo o direito de buscar conciliar melhor seus interesses e objetivos de vida. Uma ex-chefe minha diz o seguinte: durante a vida profissional a gente parece ficar tão abduzida pelo cumprimento das tarefas, que acaba se distraindo (ou escapando, o que é bem pior) do que está ocorrendo no nosso íntimo.

Para quem está lendo esta resposta agora, recomendo se olhar, lembrando-se de que, mesmo com uma montanha de trabalho, nunca deve abdicar da responsabilidade de cuidar de si mesma, de analisar o que dá prazer e o que faz sofrer. Isso vai ajudar a iluminar o seu caminho.

Quanto mais as mulheres alcançam posições executivas, sendo mais cobradas, mais elas têm vontade de exercer seu lado feminino. Cuidar de si mesmas, do seu coração, da sua fertilidade. Daí, ficam naquela angústia, naquele dilema, porque sabem que desacelerar na profissão talvez implique perder oportunidades. E muitas vezes fazem as escolhas com enorme culpa.

Que tal trocar culpa por mais atitude? Aja como uma mulher adulta e reconheça que é você quem escolhe. Então, pare de se vitimizar.

CLAUDIO

Não é preciso chegar aos quarenta nem ser um grande filósofo para realizar que nossa vida é cheia de escolhas, desde o momento em que abrimos os olhos. Decidimos a que horas vamos dormir ou acordar, qual roupa vamos usar, o que iremos comer, qual trajeto vamos fazer até o escritório, com quem iremos nos encontrar etc. Escolhas fazem parte da nossa rotina e não temos como fugir delas. Isso pode até nos dar uma impressão de que o destino está em nossas mãos. Afinal, a vida é cheia de escolhas...

Infelizmente, não é bem assim. Alguns acontecimentos fogem ao nosso controle. Não decidimos sobre a morte de um amigo ou ente querido, muitas vezes não escolhemos nossos empregos; na maioria delas, somos selecionados – quem nunca precisou caprichar na hora de escrever um "curriculum"? Apesar de fazermos o melhor na educação e na formação de caráter dos nossos filhos, temos pouca ou quase nenhuma influência sobre o caminho que eles irão tomar no futuro.

Mas é claro que temos ingerência sobre uma porção de coisas na vida, e, muitas vezes, somos soberanos nas nossas escolhas. Por isso, na minha opinião, a grande sabedoria vive em duas simples premissas. A primeira é que não existe certo ou errado. Afinal, também temos um coração e, muitas vezes, tomamos nossas decisões seguindo a direção que ele nos aponta conforme o que sentimos naquele exato momento. A segunda é que sempre podemos voltar atrás, recomeçar, rever o que fizemos de errado, descobrir as coisas que nos fazem mais realizados e corrigir nossos rumos. Sempre é tempo de mudar.

Recordo uma história que ouvi da minha esposa e que me marcou demais. É de uma simplicidade incrível e, ao mesmo tempo, muito profunda. Quando ela recebeu a proposta para trabalhar em Singapura, depois de ser aprovada em um longo processo, fez sua entrevista final com a pessoa que seria sua chefe direta. Naturalmente, estava insegura, pois assumiria um cargo de maior responsabilidade, num país distante e com uma cultura totalmente diferente. Além disso, seria a primeira vez que ela viveria num outro país, e isso implicaria uma série de mudanças para toda a família. A sensação era de estar se jogando num abismo. Sem a certeza de que o paraquedas funcionaria...

Ao final da entrevista, ela perguntou à sua nova chefe: "Estou preparada e muito motivada com a nova oportunidade. Mas, se não der certo, como eu faço para voltar?". E ouviu como resposta: "Você simplesmente não volta mais".

Diante da cara de incredulidade que minha esposa deve ter feito (posso até imaginar), a executiva tratou de completar: "Claro que se não der certo, e essa é uma possibilidade, você pode voltar. Mas lembre-se de que não voltará mais no mesmo lugar, pois já terá agregado novas experiências, um novo repertório, novas expectativas. Você pode voltar ao mesmo lugar geográfico, mas nunca mais será a mesma pessoa".

Achei bárbara essa explicação, por dois motivos. Primeiro, porque foi nesse momento que minha esposa se convenceu de que tomava a melhor decisão. Mas, muito mais do que isso, ela define exatamente o que somos. Aprendemos alguma coisa a cada dia, agregamos mais expectativas – e, por que não, mais decepções? Faz parte do jogo. Hoje, não somos a mesma pessoa que fomos ontem. Por isso, nada mais natural do que cada um refletir sobre as decisões que já tomou e, se não estiver feliz com elas, mudar de rumo.

Ainda falando sobre essas escolhas, veja só que interessante o que aconteceu comigo. Eu sempre fui avesso a grandes mudanças. Até 2010, havia morado a vida toda em São Paulo, na mesma região da cidade. Quando trocava de casa, mudava sempre para o mesmo bairro, no máximo no vizinho. Adorava frequentar os mesmos restaurantes. Tive somente três namoradas (e olha que casei aos 27 anos) e uma quantidade de empregos que cabia nos dedos de uma mão. Torço pela Portuguesa de Desportos desde criancinha. Embora ela já tenha me dado inúmeros motivos para mudar de time, continuo fiel (e sofrendo muito).

A grande mudança aconteceu quando decidi sair do meu emprego para tentar a sorte num negócio próprio. Mesmo assim, o fato da minha esposa já ter uma carreira bem consolidada e um salário que a permitia "bancar" a casa por um tempo influenciou demais a decisão, sem contar que a Luiza estava crescendo e sentindo muito a nossa falta – um dos dois pelo menos precisava ficar mais tempo em casa.

Nós havíamos acabado de comprar o apartamento dos nossos sonhos, com uma das melhores vistas da cidade. A loja de vinhos começava a andar com as próprias pernas e eu já estava louco para me acomodar de novo. Quando voltava à noite da loja, enquanto tomava uma taça de vinho e contemplava as luzes da cidade, dois pensamentos passavam pela minha cabeça: vou morar aqui pelo resto da vida e nunca mais saio da loja de vinhos. Menos de um ano depois, estava embarcando para Singapura, rumo ao desconhecido.

De uma hora para a outra, me vi na condição de tomar a escolha mais difícil da minha vida. Eu não tinha nenhum motivo para me mudar, pois havia colocado todas as minhas economias e toda a minha energia na loja, que caminhava bem. Além disso, não fazia a menor ideia de como seria morar em Singapura, mas sabia que sentiria muita falta da família, dos amigos, de tudo o que eu havia construído no Brasil. Por sua vez, minha esposa tinha batalhado a vida toda por uma carreira internacional e eu simplesmente não tive coragem de dizer não.

Acabei também ouvindo meu coração, pois algo me dizia que apoiar a carreira dela e ficar mais próximo da nossa filha poderiam ser objetivos mais nobres para mim naquele momento. Foi a melhor coisa que eu poderia ter feito. Foi difícil no começo, mas deu tão certo, que acabou virando livro. E, além de ter muita história para contar, eu aprendi demais como ser humano.

Ganhei ainda a oportunidade de compartilhar essa história com outras pessoas, iniciando uma nova carreira de palestrante e escritor, o que me permitiu voltar a trabalhar, mas ao mesmo tempo continuar apoiando a carreira da minha esposa e ficando próximo da nossa filha, que foi o objetivo inicial. Não poderia ter sido melhor. Obviamente, se eu não tivesse aceitado a mudança, hoje não faria a menor ideia dessa aventura maravilhosa que eu teria deixado de viver. Mas que eu teria perdido muito, não tenho dúvida.

Ainda falando em balanços de vida e escolhas, menciono uma passagem que aconteceu quando eu escrevia meu primeiro livro, que conta toda essa trajetória da mudança. Em determinado momento, eu parei para fazer uma avaliação de tudo que eu havia ganhado com a opção por ter virado um dono de casa e lembrei de um momento que foi particularmente difícil para mim.

Eu sempre fui fissurado pela história da Segunda Guerra Mundial e tudo o que aconteceu imediatamente após esse período, como a Guerra Fria. Um dia, minha esposa voltou de uma viagem a trabalho para a Rússia e me contava, com muita empolgação, tudo o que havia feito por lá. Visitou o local onde parou o avanço das tropas alemães já pertinho de Moscou, passou pelo Kremlin, entrou no prédio da KGB (antiga agência de inteligência da URSS). Enfim, era a viagem que eu gostaria de ter feito. Morri de inveja naquele dia – e não venham me dizer que era uma inveja boa, pois inveja, por definição, é muito ruim.

Quando escrevia o livro, recordei desse episódio, que foi um dos raros momentos em que senti falta das coisas bacanas que tive a chance de fazer quando era um executivo. Ao fazer meu balanço, cheguei à conclusão de que havia ganhado muito mais do que minha esposa, pois posso visitar o Kremlin quando eu quiser, como turista – aliás, cartão de crédito foi feito para isso também. Entretanto, ela nunca vai poder fazer com que a Luiza volte a ser uma criança pequena e passar todos os momentos que eu pude vivenciar com ela ao longo do seu crescimento.

Eu fiquei mal à beça nesse dia, e decidi que não seria justo que a minha esposa somente tomasse conhecimento dessa reflexão depois que o livro estivesse finalizado. Era uma sexta-feira à noite. Colocamos a Luiza para dormir, eu abri uma boa garrafa de vinho e disse que tinha algo do livro para lhe mostrar e que talvez ela não fosse gostar. Minha esposa naturalmente chorou um bocado. Conversamos bastante; e no final ela disse que concordava comigo, mas que ao mesmo tempo era feliz porque foi bem-sucedida na escolha profissional que fez. Apesar da culpa que sentia por não poder ficar mais tempo com a nossa filha, sabia que a segunda melhor pessoa que poderia tomar conta da Luiza estava ali o tempo todo.

Não preciso nem dizer que ela ainda passou o fim de semana inteiro com uma cara de velório, talvez ainda ruminando a conversa que tivemos e revendo as escolhas que havia feito. Mas a verdade é que estava feliz e consciente de que se não é possível ter tudo, podemos optar pelas coisas que nos realizam mais, sem que isso represente necessariamente uma renúncia total a todo o resto que está à nossa volta. E eu acrescentaria que, mais importante do que isso, é ter a liberdade de rever e mudar as coisas a qualquer momento, se esse for o caso.

8 A nossa criação não serve mais para educar nossos filhos

CLAUDIO

Muita coisa mudou entre a maneira como fomos criados e como fazemos com nossos filhos hoje. E algumas coisas têm que ser levadas em consideração na preparação dos nossos filhos para o futuro. O principal desafio talvez seja incluir a quebra de velhos paradigmas e a introdução de novos conceitos, como a igualdade entre os gêneros, por exemplo.

Antes de falar sobre a igualdade, gostaria de chamar a atenção para a "terceirização" da educação das nossas crianças. Por conta da correria dos dias de hoje, as pessoas estão se esquecendo que educar é uma tarefa que também cabe aos pais, e não somente à escola. Educação não é somente ensino, mas a transmissão dos valores de família, caráter, respeito e cidadania. Essas coisas, por mais que a escola do seu filho se esforce, serão aprendidas em casa.

Por que menciono isso? Com todo o avanço tecnológico, o mundo está mudando rapidamente. A escola acompanha uma parcela dessas mudanças, mas nunca vai substituir a presença de um pai ou de uma mãe. Alguns conceitos demoram a ser incorporados à sociedade e, muitas vezes, os valores que queremos passar aos nossos filhos não são exatamente os mesmos que eles acabam incorporando pela convivência com os demais colegas.

Como pai de uma menina, hoje eu me preocupo com questões como: será que os meninos estão sendo preparados para realmente respeitar uma mulher no futuro? Quero que ela conviva no futuro numa sociedade ainda muito machista? Será que nós realmente passamos para nossos filhos o conceito de igualdade?

Em função da situação que vivemos em casa há alguns anos, em que minha esposa tem um trabalho regular e eu acabo ficando mais tempo em casa com a minha filha, nós vivemos a igualdade no nosso dia a dia. As tarefas são compartilhadas, claro, mas não existe coisa "de homem" ou "de mulher". Aqui em casa, todo mundo lava a louça e arruma a casa. Eu aspiro o pó da casa e faço supermercado, da mesma forma que minha esposa pode trocar o pneu do carro. Essa divisão é feita baseada apenas em quem está mais disponível para aquela tarefa naquele momento e não por gênero, como fomos educados pelos nossos pais.

Por conta disso, sempre achei que minha filha, nascida em 2007, não fizesse distinção entre coisas "de menino" e "de menina". Ledo engano. Tomo a liberdade de mencionar uma situação que aconteceu recentemente, que serve de exemplo sobre como devemos ficar atentos o tempo todo aos valores que pretendemos passar aos nossos filhos.

Fomos a um parque de diversões e ela ficou assustada com uma das atrações, abandonando a fila segundos antes de embarcar no brinquedo, embora o tema fosse "Harry Potter", que ela adora – e qual criança dessa idade não gosta? Dias depois, ela viu imagens dessa atração num anúncio de televisão e se lembrou do episódio. Com um ar triste, comentou:

"Pai, foi uma pena que eu não tive coragem. Se eu fosse menino, eu teria ido...".

Caí de costas e imediatamente quis saber de onde ela tinha tirado essa ideia, uma vez que em casa nós jamais falamos isso. "Todo mundo sabe que os meninos são mais fortes e, portanto, mais corajosos. Meninas não têm tanta coragem assim." Levou um bom tempo para eu explicar a ela que coragem não tem nada a ver com força física e que meninas podem ser tão corajosas quanto os meninos e que podem (e devem) enfrentar qualquer desafio. Mesmo assim, fiquei com a impressão de que ela não se convenceu. Não tenho dúvida que ainda vamos retomar esse assunto algumas vezes...

Nessa minha experiência de "executivo que virou dono de casa", consolidei ainda mais a visão de que os exemplos que damos aos nossos filhos são fundamentais. E nesse contexto, insere-se também a igualdade entre os gêneros. Ela deve ser ensinada em casa, e muitas vezes não percebemos nossa importância nesse papel.

Apenas para mudar um pouco o foco da conversa, trago uma informação interessante, que demonstra como alguns conceitos acabam influenciando nosso comportamento. Todo mundo sabe que estatisticamente as mulheres vivem mais tempo que os homens. No Brasil, por exemplo, de acordo com os dados fornecidos pelo IBGE em 2013, a expectativa de vida das mulheres é, em média, sete anos mais alta (78,6 anos) do que a dos homens (71,3 anos).

"Será que nós realmente passamos para nossos filhos o conceito de igualdade?"

A ciência tem algumas pistas de que essa diferença é explicada, em parte, por um eventual componente genético, mas a diferença é muito grande para ser creditada apenas à genética. Pesquisas feitas pela Organização Mundial de Saúde (OMS) dão conta que à parte do fato dos homens apresentarem um maior comportamento de risco, uma parte dessa diferença é explicada por um fator cultural: as mulheres vão ao médico com mais frequência do que os homens.

Faz sentido. Tomemos os exemplos nas nossas casas. Quando um menino toma um tombo, logo pedimos para que levante rápido, que aquilo não foi nada e a dor logo vai passar. Se ele está sangrando, no máximo passamos água. Se acontecer com uma menina, é bem diferente: logo pegamos no colo, tratamos o ferimento com a maior atenção, fazemos um belo curativo e, como se não fosse suficiente, ainda perguntamos a cada dez minutos se está tudo bem. O resultado é que os homens só procuram um médico quando já estão muito doentes, enquanto as mulheres correm a um hospital no primeiro espirro.

Quem nunca disse que "menino não brinca de boneca" ou "menino não chora" ou que "jogar bola não é brincadeira de menina", que atire a primeira pedra. Todos nós podemos errar, mas é preciso lembrar que não há mais espaço para os papéis predefinidos de antigamente nem na sociedade, nem na casa da gente. Por isso, devemos estar atentos para não reproduzirmos com nossos filhos os mesmos conceitos que ouvimos dos nossos pais.

JOYCE

Nas palestras que faço, costumo brincar que gosto tanto dos homens, que tenho dois em casa: marido e filho. E, sendo mãe de menino, faço questão de aliviar uma importante preocupação do Claudio e de outros pais de menina. Sim, faz parte da educação que estou dando ao meu herdeiro (tão querido!) ensiná-lo a valorizar a mulher, a identificar rapidamente uma atitude machista, a evitar discriminações de qualquer espécie.

Também estou atenta a preparar um homem contemporâneo, que não tem medo de expor seus sentimentos (e isso inclui poder chorar). E mais: considerando que as mulheres estão se "empoderando" e competindo no mercado de trabalho com armas importantes, também procuro treinar no meu filho habilidades tipicamente femininas. Assim, terá vantagem competitiva no seu futuro profissional e também lidará melhor com esposa, filhas, sogra etc.

Por exemplo, a empatia é uma habilidade que costuma ser mais desenvolvida na ala feminina. Depois que li no livro do meu amigo e consultor Renato Grinberg, *O instinto do sucesso,* que a área da empatia no cérebro feminino é maior, segundo pesquisas, logo pensei: nada mais inteligente que eu incentivar meu filho a ter um olhar mais empático em relação a colegas e professores, em variadas situações.

Também o estimulo, desde pequeno, a entrar em contato com o que ele sente verdadeiramente. Perceber seu corpo, suas alterações, seus gostos, suas necessidades. Dar nome aos sentimentos e ficar atento aos gatilhos situacionais que provocam solidão ou insegurança vão torná-lo um adulto mais bem-resolvido com as próprias emoções.

São preocupações que os pais modernos devem ter, a fim de que seus filhos cultivem uma vida mais sintonizada com valores como intimidade, afetuosidade e maturidade emocional. Que tal ajudá-lo a se perguntar: no que eu realmente acredito? Pelo que desejo lutar? Quais são meus limites éticos? E aonde quero chegar de fato? Os filhos de hoje têm muito mais escolhas. Isso é ótimo, mas também coloca mais pressão, mais interrogações, mais receio de errar. Lembre-se: quanto mais possibilidades, mais difícil decidir. Como a chave é autoconhecimento, pais podem ajudar seus filhos a se conhecerem melhor desde que eles próprios também pratiquem tal exercício.

Especialmente para quem cria meninos, é importante pensar que as referências masculinas do passado não servem mais (dedico um capítulo a essas mudanças no meu primeiro livro). É preciso libertá-lo de estereótipos para que possa sentir medo de vez em quando e pedir socorro; possa recusar brigar; possa não gostar de futebol e nem babe por carro vermelho caro; possa fazer tarefas domésticas e plástica no nariz sem ser zoado, possa admirar uma mulher que ache bela com respeito, possa ser humano.

E como educar com esse nível de complexidade quando a quantidade de tempo dos pais está menor? Isto é dito à exaustão atualmente, e é a mais pura verdade: o que importa é a qualidade desse tempo. Até que ponto estamos aproveitando as refeições e viagens familiares para passar valores, conversar abertamente a respeito de tudo, dar carinho e afeto em vez de ficar checando e-mails no celular? Educar dá trabalho, mas ser pai ou mãe é uma escolha.

Meu filho sempre compreendeu que adoro trabalhar, me dedico muito, e sente orgulho dos estudos, reportagens e livros que escrevo. Certa vez mandou a seguinte mensagem para o e-mail da redação onde eu trabalhava na época: "Mãe, a professora de linguagem pediu para a gente ler *O livro selvagem.* Se puder comprar hoje, será ótimo. Se não der, fazer o quê?". Conhecendo bem meu filho, interpretei esse "fazer o quê? "como" não se sinta culpada se não conseguir comprar hoje, eu entendo que você está trabalhando". Posso não amar loucamente esse rapazinho?

Outra preocupação atual é com o desenvolvimento intelectual. Queremos que nossos filhos estudem na melhor escola, façam mil cursos, dominem várias línguas. Sabemos que a competição profissional está gigante. Mas, depois de fazer trezentas reportagens sobre educação, arrisco dar minha dica: o mais importante é colaborar para que eles sejam curiosos. Há excesso de informação, e eles não precisam ter tudo dentro da "caixola", pois há o dr. Google para socorrer. Basta que tenham a curiosidade de querer saber.

Verdade que temos de respirar fundo quando vemos que eles estudam teclando no celular, com a tevê e o computador ligados, conversando pelo Skype... Tudo ao mesmo tempo agora. E não adianta sugerir desligar algo, pois ouvimos de volta "mas eu estou estudando". O jeito é confiar, colocando a responsabilidade pelo resultado neles. E, mais tarde, depois do jantar, no caso de meninos, exigir que levem o próprio prato para a cozinha e aprendam a lavar louças, como qualquer integrante da casa.

Já entrevistei muitos psicólogos que recebem em seus consultórios pais ausentes e perdidos, não sabendo como exercer sua autoridade. Quando vejo oportunidade, escrevo em artigos que temos três deveres a cumprir com cada ser que colocamos no mundo. Cuidar para que aos 21 anos nosso filho ou filha seja:

1. Um adulto independente: que dê conta de si mesmo com juízo e criatividade. Por isso, ensinamos desde a maneira de atravessar a rua até a importância de trabalhar naquilo de que gosta, passando por proporcionar estudo, conhecimento.

2. Um cidadão de verdade: para não estacionar na vaga de idoso, quando for adulto, e nem dar garrafadas

nos que têm outra opção sexual na avenida Paulista, por exemplo, é preciso aprender a conviver, a tolerar e a valorizar a diversidade.

3. Um ser de mente e corpo saudáveis: nem que seja preciso negar mil vezes comer fast-food todos os dias, além de garantir que tome as vacinas recomendadas, durma o necessário, fique longe dos vícios etc.

Pais não podem ter dúvidas de que estão autorizados a garantir esse tripé que mencionei, sendo firmes e incansáveis no propósito de educar. Precisam dar limites, promover diálogos francos temperados com abraços e negociações, estabelecer um companheirismo durante a criação lembrando que nem sempre serão agradáveis ou amiguinhos. Faz parte.

Acho bacana que meu filho mande pelo celular um "Está tudo bem?"quando ele está em casa e meu marido e eu estamos na rua tarde da noite. Isso mostra que, morando numa cidade violenta como São Paulo, essa preocupação não tem idade e nem gênero. Agimos assim com quem queremos bem. Isso é educar.

Educar também não é preparar filho somente para ter riqueza e status profissional. Nos últimos anos, o que mais escutamos dos pais é que "queremos que nosso filho seja feliz". Mas priorizamos qual carreira ele terá e quão bem-sucedido será. Também devemos ensiná-los a criar seus próprios vínculos de afeto e a realizar sonhos, mostrando que nem todos passam pelo consumismo e que precisamos cuidar do nosso planeta e das pessoas, para garantirmos um futuro melhor para os filhos deles.

9 Quer saber: estou cansada de ser Mulher Maravilha

JOYCE

Que bom que você quer se libertar dessa personagem que só faz sucesso na ficção. Sempre brinco que nunca foi tão bom (e tão difícil) ser mulher. E costumo abrir minhas palestras dizendo que, como sou jornalista, trago ótimas notícias. Daí, mostro novidades fantasiosas como "a partir de agora é crime não dar oportunidades iguais às mulheres", "serão multados clientes/chefes que interrompem suas férias", "descobriram que trabalhar bem em equipe queima calorias", "já existe vacina contra ataque de sexismo e machismo" e, principalmente esta: "está próxima a cura para a mania feminina de perfeição". E emendo: "Ai, como eu gostaria de dizer que tudo isso é verdade".

Com essa brincadeira, eu quebro o gelo na abertura da palestra e deixo o clima mais descontraído, menos "professoral", mas também já dou uma provocada para que caia a ficha de que não vivemos num mundo cor-de-rosa, e sim num festival de cores em que tudo fica: laranja quando conseguimos fazer *happy hour* com as amigas, roxo quando abrimos o resultado do exame de mamografia, preto quando nosso pai ou filha fica doente, vermelho quando conseguimos trancar a porta do quarto e namorar com direito a ir às nuvens e voltar, amarelo quando ganhamos uma concorrência, uma promoção, uma grana inesperada...

As cores mudam num mesmo dia sem que a gente possa controlar o tempo todo. É isso! Simplesmente não dá para controlar tudo e todos, mas agimos muitas vezes como se quiséssemos acreditar na fantasia de que dá. Resista a essa cilada. Fazer o seu melhor é diferente de se exigir perfeição, sempre. Isso me preocupa tanto, que dediquei um capítulo no meu primeiro livro para incentivar as mulheres a abandonar a custosa capa de Mulher Maravilha e relaxar um pouco; porque as maiores cobradoras somos nós mesmas. Cobramos mais de nós mesmas do que dos outros. Chega!

Que fique bem claro: a competência continua. Cresce o número de profissionais que são excelentes líderes executivas ou empreendedoras por saberem trilhar o caminho do consenso, da diversidade de visões, da empatia, da atenção aos detalhes, da criatividade, da persistência com propósito. Somos importantíssimas para a economia. Tanto que amplo estudo da consultoria global McKinsey, publicado no final de 2015 projetou que a completa eliminação da desigualdade de gênero na economia aumentaria em 30% o PIB do Brasil estimado para 2025, o equivalente às regiões Nordeste e Sul juntas, segundo os coordenadores da pesquisa.

Continuamos protagonistas de modificações de costumes, valeu muito a pena lutar para convencer a sociedade do nosso valor. Convido agora a nos observarmos intimamente e nos convencermos de que podemos baixar esse nível absurdo de autocobrança, que quase nos tortura, especialmente no terreno das emoções. Trocando em miúdos, é hora de abandonarmos a rígida imagem de supermulher em prol de uma vida mais humana. Isso implica parar de sufocar nossas fragilidades, nossa vontade de nos mimar de vez em quando, pedir ajuda, delegar as atividades domésticas tradicionais ao seu copiloto de jornada, aliviar qualquer culpa.

O desafio atual é aplicar a nós mesmas, e à nossa vida afetiva, a flexibilidade que emprestamos ao trabalho. A minha casa muitas vezes está bagunçada. E às vezes enxergo uma irritante camada de pó sobre o lustre lindo, de acrílico colorido, que tenho na sala de jantar. Sabe o que eu faço? Desvio meu olhar do lustre enquanto penso: "Quando der eu limpo, agora tenho outra prioridade".

Certa vez, eu me confundi e mandei petisco de pimenta na lancheira do meu filho (veja que antes pimenta era castigo, agora a gente manda de lanche... *rsrs*). E, morrendo de pressa, comprei um macacão rosa para ele quando era bebê. (O preço estava ótimo! Mas esqueci que se convencionou que meninos jamais usam rosa. Só quando crescem.) Se eu me martirizei pelas "falhas"? Nãããão. Com tantas preocupações na cabeça, nada mais natural que algo não saísse perfeito. Faz parte.

Sou fã da Cecília Russo Troiano, uma expert em estudos de gênero, autora dos livros *Vida de equilibrista* e *Aprendiz de equilibrista*, que trata bastante do mito da mãe e profissional perfeita, essa que está na maioria dos lugares, passando de geração em geração, mesmo que não exista de carne e osso. É aquela cujos filhos são exemplares, o casamento é feliz como num comercial de margarina e seu trabalho é impecável 24 horas. Ah, seu cabelo e pele causam inveja! Nas palavras da escritora:

> "Continuamos protagonistas de modificações de costumes, valeu muito a pena lutar para convencer a sociedade do nosso valor."

> "Ela nos julga e nós a julgamos em troca. Até quando vamos ficar presas a uma ficção de nossas cabeças culpadas? Alguém a conhece? Nem de ouvir falar? Mais provável ser um monstro que criamos, alimentando todos os dias – e que, em vez de nos ajudar, é terrível para nossa autoestima. Comparando-nos com essa idealização, ficamos invariavelmente no débito. O mito da boa mãe, como gosto de chamar, é uma pedra no nosso caminho. Perfeição só combina com gente 'de mentira', coisa para extraterrestres. Não se encaixa na forma de gente 'de verdade'."

Enfim, sugiro deixarmos o mito da Mulher Maravilha e pensar que sempre podemos melhorar nossa balança "carreira *versus* vida pessoal", mas sem neuras. Buscando, conforme o momento e as prioridades, um equilíbrio possível e variável de "pratinhos". Todas as mulheres que conheço deixam algum cair de vez em quando, e tem as que jogam no chão para espatifar e se livrar logo dele. Como diz Cecília, imperfeição dá muito mais graça e colorido à vida!

CLAUDIO

Não é fácil ser mulher. Eu já ouvia isso da boca da minha mãe desde pequeno. E a cada dia me convenço mais de que ela estava certa. E olha que foi uma mulher bem tradicional do século XX. Deixou de trabalhar depois que se casou e cuidava da casa, do marido e dos filhos com uma dedicação incondicional. Foi feliz desse jeito. Mas as coisas mudaram. As mulheres foram à luta, assumiram o papel de protagonistas nas principais mudanças da sociedade. E, claro, ficou ainda mais desafiador ser mulher.

As mulheres estão mudando o mundo. E, aparentemente, mudar o mundo é mais fácil do que mudar o comportamento feminino, pelo menos no que diz respeito à autocobrança que as próprias se fazem o tempo todo. Mulheres continuam sendo muito perfeccionistas. E ainda têm dificuldade de compreender que, sozinhas, não vão conseguir fazer tudo – ainda mais com perfeição! É impossível trabalhar dez, doze horas por dia, cuidar dos filhos, dar atenção ao marido e deixar a casa impecável, tudo ao mesmo tempo. E ainda por cima cuidar do corpo e da mente, ficar linda e maravilhosa, ser desejada. É muita coisa mesmo.

As mulheres mostram todos os dias sua competência para liderar grandes companhias, inspirar equipes. São hábeis na negociação, dão mais atenção aos detalhes. Enfim, agregam demais no mercado de trabalho. As empresas já perceberam isso e valorizam demais essas qualidades. Mas está na hora de perceber que também é possível aplicar a mesma flexibilidade do trabalho aos assuntos pessoais, à vida afetiva e à família. É possível, sim, equilibrar melhor esses papéis – desde que o primeiro passo seja não querer ser perfeita em tudo.

Às vezes, as mulheres passam a sensação de que não precisam de nós, homens, para mais nada. Fico apavorado só de pensar na multiplicação dos bancos de esperma por aí... Brincadeiras à parte, mulheres não necessitam mais de um homem para trocar pneu, consertar a torneira, abrir lata de palmito. Também não demandam uma companhia masculina para ir a uma festa, barzinho ou balada. E nem para pagar as contas no fim do mês.

Entretanto, elas estão percebendo, da maneira mais dura possível, que tentar fazer tudo sozinha implica um custo na vida pessoal enorme. E aquelas que acreditam que o homem não admira uma mulher "independente" estão redondamente enganadas. Elas precisam de parceiros que tenham objetivos comuns, que queiram avançar junto, compartilhar a criação dos filhos. Vocês podem não acreditar, mas existem muitos homens por aí dispostos a tudo isso. E que vão vibrar com cada uma das suas conquistas. Talvez vocês precisem dar um pouco mais de espaço e de credibilidade a eles. Aceite ajuda para ir mais longe. Você não é e nem precisa ser Mulher Maravilha.

Autoconhecimento, de novo, é muito importante. Não é crime ou motivo de vergonha, diante de outras mulheres ou da sociedade, dedicar a maior parte de sua energia à carreira. Se o faz é porque tem importância para você, para sua felicidade, e não por autoafirmação. Ótimo, siga em frente com o pé no acelerador. Só tenha consciência de que essa escolha vai ter um preço na sua vida pessoal, com seu homem e sua família. Esteja preparada e comece a delegar tarefas domésticas e familiares, da mesma forma que você aprendeu na empresa. E procure fazer uma parceria com alguém que tope cobri-la em tarefas que você não possa ou não queira fazer.

Sabe o equilibrista do circo, que fica girando os pratinhos? Para mim, não tem figura melhor que defina o que é ser mulher atualmente. Sozinha, dificilmente você vai conseguir manter todos os discos virando. Alguns vão cair pelo caminho, não tenha dúvida. A sabedoria está em descobrir o momento exato de girar cada um desses pratinhos e se esquecer daqueles que alguém pode tomar conta para você.

Quer um exemplo prático? Eu também tenho uma esposa que às vezes assume esse papel de Mulher Maravilha. Tanto que, mesmo dividindo comigo as tarefas, ela quer estar no domínio de tudo. Quantas vezes não brigamos porque ela se achava mais capaz do que eu para administrar uma simples febre da minha filha, mesmo estando a quilômetros de distância e tendo que sair no intervalo da reunião com o presidente da empresa.

Você precisa definir o que quer da vida. Se optou por apostar na carreira (isso a faz feliz e, além disso, paga as contas da sua casa), fique sabendo que seu marido ou sua babá têm competência para cuidar da febre do seu filho em casa. Se você vive questionando essa capacidade das pessoas que elegeu para girar os pratinhos por você, está na hora de rever sua decisão. Ou admitir que, a exemplo do que acontece na empresa, nem tudo sai do jeito que a gente quer, mas o que importa é que o resultado final seja positivo.

Concordo com a norte-americana Traci Bild, que é mãe, escritora e palestrante, especialista no tema maternidade e trabalho, quando diz:

> "Em vez de agirmos como se tivéssemos resolvido tudo, está na hora de começarmos a falar sobre nossa luta, para que nossos filhos entendam o que estamos enfrentando, nossos maridos entendam a razão de estarmos tão cansadas o tempo todo. Como mulheres, precisamos ter mais empatia umas pelas outras e nos concentrar em soluções que tragam alívio para nossa vida."

10 Quero mudar, mas tenho medo do que os outros vão pensar

CLAUDIO

Esse é meu tema favorito. Conforme já mencionei, eu era a pessoa mais resistente à mudança que conheci. Observando a vida que meus pais levaram e levam até hoje, não tenho dúvida de que precisei lutar com todos os meus genes para descobrir que mudar não é tão ruim assim. Hoje eu vejo a possibilidade de mudança como uma chance para uma nova vida, um renascimento, que faz a vida ficar muito mais intrigante e desafiadora.

Infelizmente, nos preocupamos demais com o que os outros vão pensar da gente e acabamos nos esquecendo de refletir sobre o que é mais importante para nós mesmos e para as pessoas que estão mais próximas de nós. Foi isso que acabou acontecendo comigo quando me mudei para Singapura. Durante cerca de um ano, não teve um dia da minha vida em que eu não pensava em colocar tudo a perder e voltar para o Brasil. Motivos reais eu realmente não tinha nenhum, pois a carreira da minha esposa seguia de vento em popa e minha filha estava superadaptada à vida em Singapura e ao novo idioma. Mas eu vivia preocupado com o que ou outros pensavam de mim, um homem "encostado" na esposa.

Infelizmente, vivemos num mundo muito machista. E viver na Ásia, local onde o trabalho tem um valor altíssimo na sociedade, não me ajudava muito nesse sentido. Num lugar como Singapura, onde todo mundo trabalha demais, a mulher também deve trabalhar, mas para complementar a renda da família. Ela ser a provedora, sustentar uma casa, é algo quase inaceitável. E o homem não trabalhar é uma coisa inconcebível.

Além disso, quando você é homem, não falta gente para lembrá-lo de que não está trabalhando. Acontecia comigo. Todos os dias. Era só eu sair de casa pela manhã que os meus porteiros me perguntavam: "E aí, não está trabalhando hoje?".

À medida que o tempo foi passando, eles já deviam ter sacado que eu não tinha um trabalho (formal, pelo menos), mas não perdiam o gostinho de repetir a pergunta. E assim foi durante os dezoito meses em que morei por lá.

Não bastassem meus porteiros, meu dia também não era completo se não cruzasse com Jason, que trabalhava na locadora de automóveis onde alugamos nosso carro e que era vizinha de casa. Para caminhar às margens do rio que passava atrás do nosso prédio, eu tinha que passar em frente ao escritório do Jason, um chinesinho muito simpático, que invariavelmente estava a fumar lá fora e fazia sempre questão de conversar comigo. Para os conceitos dele, eu era um verdadeiro extraterrestre – um homem que não trabalhava e, ainda por cima, era sustentado pela mulher. Talvez por isso atraísse tanto a curiosidade do cidadão.

Eu mudava de horário, mas Jason estava sempre lá fora, fumando. Parecia um carma! Apenas acenava com a mão, desconversava e tentava apertar o passo, mas ele vinha atrás de mim. Trinta segundos de conversa e logo lançava a pergunta: "Continua sem trabalhar?".

Um dia ele insistiu demais, e não resisti à tentação: "Jason, eu não tenho um visto de trabalho e não vou trabalhar tão cedo por aqui. Se a minha mulher não está reclamando, não vai ser você que vai encher meu saco. Eu só tenho que cuidar da minha filha. Quer saber mais? Estou adorando".

Falei isso para me livrar do Jason, mas na verdade eu estava era incomodado demais. Tanto que dos porteiros eu não conseguia escapar, mas Jason nunca mais me parou na rua. E, de quebra, acabou perdendo o cliente, pois quando venceu o contrato do aluguel do carro procuramos outra locadora.

No fundo, me sentia completamente fora do "Clube do Bolinha" perto de outros homens que encontrava em Singapura. Eu não os culpo. Quer um exemplo? Conheci brasileiros que até me chamavam para jogar futebol ou tomar uma cerveja. Mas como eles trabalhavam durante o dia, naturalmente os horários desses encontros eram à noite, quando eu tinha que preparar o jantar para a Luiza e colocá-la na cama. Pois é, meu time passava a jogar numa outra divisão...

Não me esqueço da primeira festinha de aniversário da Luiza. Ela estudava numa escola internacional, com outros filhos de expatriados. Em Singapura, não existe expatriado que não tenha um belo emprego. Aí, você fica na rodinha dos homens, não conhece ninguém e todos começam a se apresentar: diretor de banco, presidente de empresa, engenheiro-chefe de petrolífera, dono de conglomerado. Claro que eu deixava para me apresentar por último, de propósito. Quando eu contava que era minha esposa quem trabalhava, e que eu cuidava da casa e da nossa filha, o que vinha a seguir era um silêncio total. E, para não deixar os outros constrangidos, dizia que iria pegar uma bebida e saía de fininho.

É muito complicado, ainda mais para um homem jovem, assumir que não vai trabalhar para cuidar da casa e dos filhos, ainda mais numa sociedade na qual os velhos estereótipos estão muito presentes. Eu tive que quebrar meus próprios paradigmas para aceitar essa condição. Estava tão preocupado com o julgamento alheio, que não conseguia enxergar quanto ganhei com isso. Eu precisava "sair do armário" para aceitar essa nova realidade com dignidade. Foi o que fiz. Percebi que não era menos homem porque não bancava mais as contas da casa. Sem contar que minha filha e minha esposa estavam felizes; e nossa família, muito mais próxima.

A partir desse momento, as coisas passaram a ficar mais divertidas. Comecei a achar graça das situações que antes me incomodavam demais. Nas festinhas da minha filha já era o primeiro a me apresentar dizendo que tinha o melhor emprego do mundo, pois cuidava da Luiza. Na escola, acabei me voluntariando para acompanhar as atividades das crianças, não me importava mais por ser o único homem a fazê-lo. Passei a levar meu novo papel a sério, como se fosse uma nova profissão. E não estava mais nem aí com o que pensariam de mim, pois cada sorriso da Luiza me convencia de como tudo isso valia a pena.

Pois bem, voltamos ao campo das escolhas. É verdade que o fato de eu não ter um visto em Singapura me impôs a condição de ficar em casa, mas fiz a opção de ser feliz.

Quando apareceu a oportunidade para minha esposa trabalhar nos Estados Unidos, fui o primeiro a dizer que ela e a Luiza continuariam a contar comigo – e olha que isso significou virar dono de casa de verdade, pois em Singapura tínhamos uma empregada, mas nos Estados Unidos não poderíamos nos dar a esse

> "No fundo, me sentia completamente fora do "Clube do Bolinha" perto de outros homens que encontrava em Singapura."

luxo. Não curto muito lavar pratos, passar aspirador na casa ou "pilotar" um fogão. Mas gosto demais de ver felizes as pessoas à minha volta, isso também me completa como pessoa.

Infelizmente, a sociedade nos julga o tempo todo. O homem que fica em casa não raramente é tachado de "preguiçoso" ou "encostado" na esposa. Da mesma forma que uma mulher que se dedica mais à carreira do que aos filhos é classificada como "displicente". Não bastasse toda a culpa que já carrega como mãe pela ausência de casa, invariavelmente sente-se julgada também pelas outras mães – como se batalhar para prover o sustento dos filhos também não fosse uma forma de dedicação.

O fato é que tanto as mulheres que trabalham quanto as que optam por deixar a carreira para se dedicar à maternidade e à família – um fenômeno que vem crescendo e exigindo maior flexibilidade das empresas – acabam tendo que fazer suas escolhas. Não existe certo ou errado, mas aquilo que funciona melhor naquele determinado momento, tanto no trabalho quanto na vida pessoal. A opção que você fez é uma questão que diz respeito apenas a você (e àqueles que fazem parte da sua vida). Se existe algo a ser modificado nesse arranjo, que seja para resolver uma situação que realmente lhe incomoda, e nunca por pressão da sociedade.

JOYCE

Todos nós queremos transformar alguma coisa, sacudir o dia a dia com novidades, trocar uma situação mais ou menos por outra melhor. Para acompanhar a evolução do mundo acelerado em que vivemos e nos tornarmos pessoas melhores e ricas em saúde e experiências pessoais e profissionais. A questão é como tirar do nosso caminho inseguranças e medos diante do novo, do desconhecido. E, mais ainda, como vencer a preguiça de tentar algo diferente, mas que exige esforço pessoal e com reais chances de não agradar a galera. Mas e daí se torcerem o nariz para suas decisões? Quem manda na sua vida?

Que bom que o pensamento tem poder infinito, mexe com o destino, cria uma expectativa positiva, pois a simples percepção de que uma mudança pode ser bem-vinda já facilita o processo. Satisfação chama satisfação. Alguém já disse uma frase sábia que é "Só o que está morto não muda!". E seria ótimo se a gente mais facilmente desse uma banana para os outros, seguindo o slogan: "Dá licença, que eu estou mexendo na minha vida para melhor".

Todos temos o desafio de nos abrirmos a novas formas de pensar sobre nós mesmos para evoluir nos hábitos, nos comportamentos, nas conquistas. E isso só ocorre quando achamos um forte significado, uma motivação para mudar. Aí, o que os outros vão pensar fica pequeno.

No geral, a gente passa por vários desafios até concretizar uma mudança. É importante resistir à tendência de agir com base nos reforçadores imediatos (aquilo que é gostoso, confortável naquele momento). Afinal, muitas vezes você tem de segurar a impulsividade e encarar ações temporariamente desconfortáveis durante o processo de mudança: como ficar sem ver dinheiro entrando no bolso nos primeiros seis meses após decidir passar de funcionária a empreendedora, mudança que eu fiz.

Deixar um cargo executivo numa empresa conhecida, ganhando mais de quinze salários mínimos, para empreender na minha empresa de conteúdo foi uma mudança e tanto, que decidi fazer em dezembro de 2012. Confesso que sinto saudade do salário líquido caindo na conta nos dias certinhos e do plano de saúde top de linha (o que pago hoje é inferior ao que eu tinha, enquanto executiva).

E vai e volta escuto da minha mãe que eu deveria procurar outro emprego. Ela acha mais seguro, pois fica preocupada com a inconstância financeira presente na vida de quem trabalha por conta própria. Mas fiz uma escolha preparada para os solavancos. E com autocontrole suficiente para persistir até minha nova vida decolar e novos trabalhos e experiências começarem a surgir.

Talvez facilite não desistir e ajude a focar se fizer uma mudança por vez. Já pensou que loucura seria decidir trocar de emprego ou começar um MBA e também engravidar? E crie soluções pé no chão: se quer se exercitar, comece caminhando e não querendo correr em maratonas ou se matriculando numa academia do outro lado da cidade.

Além disso, prepare-se para os solavancos. "O sapo pula por precisão, não pula por boniteza", já dizia o escritor Guimarães Rosa. Ser resiliente é a principal atitude para lidar com os solavancos que aparecem quando a gente se arrisca ao novo. É essencial ainda desenvolver autocontrole, para tomar atitudes e principalmente persistir nelas. Vai ter gente criticando se optar por A ou Z? Pode ser. Mas quando virem que deu certo, largarão do seu pé e pegarão no de outros.

Ouve-se muito que a pessoa resiste a mudar por ficar na zona de conforto. Mas, analisando bem, acho que é mais zona de *desconforto*, pois ela poderia estar mais realizada em outra situação, só que mantém os braços cruzados. Fica naquela coisa de "não está bom, mas não me mexo", típica de quem se enreda em atividades tediosas, tem rotina sedentária, sente solidão, por exemplo. O autocontrole ajuda a sair dessa zona de desconforto porque você se conhece, percebe como fazer diferente e toma atitudes para que uma mudança seja alcançada.

Sentir medo de mudar é normal, como já dissemos neste livro, exceto se esse medo crescer tanto a ponto de trazer só sofrimento e acabar congelando corpo, alma e caminhos.

Vivemos tempos de maior liberdade em todos os sentidos, mas é curioso constatar que nunca estivemos tão solitários, estressados e com medos – como o de não sermos bem-sucedidos ou incluídos socialmente, de criarmos mal os filhos, de tomarmos tiros por causa de um celular. Será que a frase do lendário presidente americano Franklin Roosevelt "Nada temos a temer além do próprio medo" nunca esteve tão atual?

Uma pesquisa apontou vários medos modernos, como o de não ter dinheiro suficiente, de perder o emprego, de ser infeliz, de envelhecer, de perder a saúde, de que não satisfazer sexualmente o(a) parceiro(a), de não ser bom pai ou boa mãe, de ser a próxima vítima num assalto. Você e eu já sentimos um ou mais temores como esses, fora que todos nós temos objetivos de vida que nos provocam frio na barriga. Persegui-los é o que vai aumentar a sua percepção de que está vivo... Casar, por exemplo, dá um medo danado. Colocar um filho no mundo, então... Experiência própria.

Escrevi, em 2015, textos emocionantes para uma renomada marca de fraldas presentear vinte mães influenciadoras na mídia e na internet, com base num questionário que elas próprias responderam. E me chamou a atenção que todas escreveram sobre a emoção de darem à luz, mas também sobre o alívio que sentiram. A palavra alívio foi pronunciada por quase todas, o que mostra que com toda a felicidade da mudança pairou durante nove meses de gestação um medo inexplicável, o qual se dissipou assim que elas ouviram o primeiro choro, fizeram o primeiro carinho, ofereceram a primeira mamada.

Então, quando estiver com medo, faça alguma coisa. Nem que seja pedir socorro! Procurar ajuda não é nenhuma vergonha e inclusive pode representar o começo de uma revolução na sua vida – como foi comigo quando resolvi tocar a minha empresa de conteúdo, quando movi montanhas para vencer a dificuldade de engravidar até que virei mãe. Se eu puder dar um incentivo, bote mais energia em seus sonhos em detrimento à energia que possa estar depositando em seus medos de não agradar fulano ou beltrano. Batalhe até conseguir. Isso é o mínimo que você pode fazer por si mesma, se deseja pagar para ver diante de tantas oportunidades que passam bem na sua frente.

Além do que ganhamos longevidade. Os homens morrem e as mulheres continuam "vivinhas da Silva". Perdoem-me o Claudio e outros representantes do sexo masculino, mas são as estatísticas que dizem: nós, mulheres, vivemos mais. Uma temporada mais esticada na Terra nos leva a crer que vamos mudar mais vezes do que imaginamos. De trabalho, amores, hobbies, interesses, necessidades, gostos, guarda-roupa.

Vejo pessoas presas a um emprego, a um relacionamento, a uma casa. Como diz um amigo design de interiores, tem gente que mantém a mesma vela no castiçal por anos. A vela era salmão e já virou branca de tão desbotada, sem nunca ter sido usada... Para não ir longe, a minha mãe não sai da casa onde mora desde que eu e meus irmãos éramos crianças. Empacou e não sai. Vive para cozinhar e limpar tantos cômodos, sem conseguir enxergar que se divertiria muito mais mudando-se para um desses apartamentos modernos, práticos e pequenos.

E o que dizer de quem atura desrespeito de chefe sem chiar? E quem persiste num amor tóxico? Essa última pergunta me fez lembrar de uma leitora da revista *Nova/Cosmopolitan* que namorava um rapaz havia oito anos. Ele tinha a cara de pau de enviar virtualmente a ela fotos de outras mulheres magras e charmosas com o intuito de incentivá-la a emagrecer. Quando ela contou a mim e a um grupo de mais sete leitoras que recebia esse tipo de mensagem, ficamos chocadas. Obviamente, perguntamos o que ela faziam com esse sujeito "mala". Pela resposta, ficou claro que protelava o fim desse namoro por receio de desagradar as famílias. Ah, se fosse comigo...

11 Discutir a relação está ficando fora de moda

CLAUDIO

Se discutir a relação está ficando fora de moda, parece uma boa notícia para os homens. Afinal, se tem uma coisa que odiamos é fazê-lo, principalmente porque esses "eventos" normalmente acontecem quando estamos assistindo ao jogo do nosso time na televisão ou aquele filme que há um tempão queríamos ver. Na verdade, acho até que a notícia é boa, mas não pelo fato de a famosa DR ter saído da agenda do casal, e sim porque agora essa conversa ficou mais séria e não pode mais ocorrer na frente da tevê.

Com tanta coisa acontecendo na nossa vida, gastar energia com um festival de cobranças e ataques envolvendo o que o outro fez ou não fez, deveria ter feito ou fez errado, precisava ter adivinhado que era para fazer, ontem, mês passado, cinco anos atrás... só cansa a paciência e não ajuda em nada o casal. Esse tipo de queixa, em tom magoado, passa a ser um detalhe diante da complexidade que é coordenar a dois trabalho, vida pessoal e filhos. Então, parar com essas DRs no sentido negativo que exemplifiquei é um movimento saudável, mostra amadurecimento, pois deixamos de olhar para nossos próprios umbigos e buscamos tomar decisões em conjunto, nas coisas que importam e que, no final, são as que vão acabar impactando nossos relacionamentos.

Só me dei conta disso quando nasceu nossa filha, em 2008. Tínhamos uma vida tão corrida, que não sobrava muito tempo nem para discutir a relação. A empresa onde eu trabalhava vivia um momento de franca expansão; e, como eu atuava na área de comunicação, viajava por todo o Brasil. Isso quando não havia um lançamento de produto ou evento no exterior. Minha esposa tinha assumido o setor de Recursos Humanos da companhia em toda a América Latina e passava bons períodos fora de casa também. Costumávamos brincar que a gente não se encontrava mais em casa, e sim agendava reunião.

Com a chegada de um filho, naturalmente que essa condição tão comum a muitos casais hoje fica ainda mais complicada. Nos primeiros meses após o fim da licença-maternidade, minha esposa voltou à rotina normal de trabalho. E, com o passar do tempo, ambos estávamos desconfortáveis com o fato de nos dedicarmos muito pouco à Luiza, que na maior parte do tempo ficava sob os cuidados de uma babá, com a supervisão da minha mãe ou da minha sogra, pois não eram raras às vezes em que nenhum de nós dois dormia em casa.

Como os homens não curtem muito esse negócio de discutir a relação – mulheres, me perdoem, por favor – pela primeira vez eu realmente achava que tinha algo importante para conversar com a minha esposa. Dividi minhas preocupações, que eram as mesmas que ela tinha, e propus que um dos dois desse uma desacelerada. Ponderando que ela estava num momento importante da carreira, em comum acordo resolvemos que eu me desligaria da empresa e tentaria me dedicar a um negócio próprio. Continuaria trabalhando bastante, mas ao menos um de nós dormiria em casa todos os dias, sem contar que eu teria mais flexibilidade para estar por perto em alguma emergência e, claro, dar mais atenção à Luiza.

"Então, parar com essas DRs no sentido negativo que exemplifiquei é um movimento saudável, mostra amadurecimento."

O plano deu certo, abri uma loja de vinho e estávamos melhor organizados em casa. Entretanto, pouco mais de um ano depois, tivemos uma nova conversa ainda mais séria, que envolvia mudança de país, com o convite que a minha esposa recebeu para trabalhar em Singapura. Essa história de um executivo que virou dono de casa (que, aliás, tinha tudo para dar errado, mas deu tão certo que virou livro e palestra), eu conto em detalhes no *Macho do século XXI*, por isso não vou me estender aqui. Mas o fato é que depois de onze anos de casados percebemos que seria necessário fazer um novo contrato, para ajustar todas as mudanças que aconteceriam a partir daquele momento.

Naturalmente, passamos a discutir nossa "relação" muito mais constantemente do que fazíamos antes, mas em outros termos. Nunca conversamos tanto como a partir daquela viagem. No começo, era até engraçado. Ela questionava se eu estava contente nas minhas funções de dono de casa. Eu respondia com outra pergunta: se ela ainda não tinha nenhum problema filosófico em continuar me sustentando.

Viver ao lado de alguém só gratifica se, além de possuir um objetivo em comum com seu parceiro(a), você estiver preocupado também com a felicidade dele. Sendo assim, faz todo o sentido visitar esses novos contratos que passamos a fazer na nossa vida e, se necessário, realizar as correções necessárias, sempre em comum acordo. Nessa hora, vale muito mais considerar os valores que nos são mais caros do que ficar preocupado com o que os outros vão pensar de nós.

Contei essa história pessoal para dizer que, mesmo que não houvesse uma mudança tão radical na nossa vida, começaram a surgir tantas coisas pelo caminho, que justificava conversar não somente sobre "a relação", mas a respeito de tudo o que estava em torno dela, como a carreira de ambos e a família formada. Realizamos a importância de viver tudo com cumplicidade e de tomar decisões em conjunto, visando o melhor para todos, e não somente atender desejos individuais.

Em resumo: nossas vidas estão muito mais complexas hoje. As mulheres assumiram novas responsabilidades e isso teve uma série de impactos no cotidiano. Surgiu também a necessidade, para homens e mulheres, de uma nova mentalidade, motivada pelo signo do entendimento e da compreensão mútua. Por isso, nossos relacionamentos também são muito mais complexos e nossas "discussões" não poderiam fugir dessa realidade.

JOYCE

Lendo a resposta do Claudio, fiquei me lembrando das mais de mil matérias que eu já escrevi sobre diálogo entre pessoas que se amam. Criou-se um estigma em torno de uma conversa sobre o relacionamento, como se fosse necessariamente algo ruim, para separar, atritar, magoar, entediar.

Um dos motivos, como bem colocou o Claudio, talvez tenha muito mais a ver com a hora escolhida para essa conversa do que com o próprio conteúdo. Outro motivo se refere ao tom.

Psicólogos e psiquiatras que eu já entrevistei deram um ótimo conselho que adotei na minha vida, sempre que precisei fazer uma crítica ou observação negativa sobre o outro. Trata-se de expressar o que sente, sem julgamentos de valor – dizendo "eu me sinto..." em vez de "você é um...". Em outras palavras, se abordar seu problema como depoimento, e não acusação, se falar de si mesma, do seu sentimento, não há como o outro retrucar: "não, você não está sentindo isso...".

Pelo alto índice de leitura que minhas matérias alcançavam, especialmente quando eu investigava os principais erros de comunicação que os casais cometem, dava para perceber que as pessoas ainda têm muita dificuldade de se comunicar, de expressar o que sentem e de ouvir críticas. Só que não dá para você dividir a cama, a pizza, a vida com alguém sem que aprenda como se comunicar com a pessoa. E é importante manter esse canal de comunicação aberto para que o outro possa dizer "não gostei de tal atitude que você tomou" sem que seja massacrado por ter sido sincero.

Os casais de hoje evitam a famosa DR porque isso os leva facilmente à discussão. É fundamental conversar para detectar o que está atrapalhando a relação, como falta de companheirismo, de afeto ou excesso de competição. Se os dois empurram os dilemas com a barriga ou para debaixo do tapete, lá na frente terão de os encarar – muitas vezes, com lixo acumulado. As discussões podem fortalecer, aprimorar e aumentar a intimidade, pois apenas somos autênticos com quem somos íntimos.

Quem cuida da casa ou paga as contas, por exemplo? Só os próprios casais podem responder... dialogando. Exceto reincidentes da Idade da Pedra, a maioria não procura mais a Miss Passiva. No meu primeiro livro *Mulheres de sucesso querem poder... amar*, eu incentivo as mulheres a tirarem a máscara de "está sempre tudo bem", muito usada por gerações do passado.

Dar feedback é uma atitude de afeto. É necessário verbalizar desejos, necessidades, incômodos. E não evoluímos ao ponto de ler pensamentos de quem amamos (e de responder mentalmente também). Travamos a intimidade se recorremos sempre à máscara "está tudo bem", pois ela não nos permite sentir e amadurecer, criando um conflito interno que pode virar panela de pressão.

Vamos usar de sinceridade: você não vai se dar ao trabalho de discutir vontades, chateações, sentimentos com quem não é importante, não faz nenhuma diferença na sua vida. Tem de haver muita cumplicidade entre o casal — e ela aumenta com as reavaliações periódicas, para ir calibrando a realização profissional de cada um com as expectativas do relacionamento a dois. Quando não há diálogo e nem negociação, acaba prevalecendo um meio de comunicação muito famoso, chamado goela abaixo. Soa familiar a você? Mau negócio.

Uma coisa que acontece muito é o outro ficar cheio de dedos de abrir o coração por receio de deixá-la ainda mais magoada e/ou irritada. Meu marido foi corajoso ao me dizer uma boa verdade quando cheguei em casa do trabalho (na época, eu era redatora-chefe da revista *Nova/Cosmopolitan*), mais uma vez, depois das 9h da noite. Sentado no sofá, ao lado do nosso filho, lançou esta: "Joyce, você já reparou que nos últimos meses tem entrado em casa pisando firme, como se ainda circulasse pela redação. E, quando olha para nós, só falta dar uma matéria para cada um fazer?".

Ele tinha total razão. Ainda bem que temos um canal de comunicação aberto para que possa me chamar atenção para aquilo que eu não estou enxergando. Quando fui divulgar meu livro no programa do Jô Soares, o apresentador me perguntou: "E você aceitou a crítica dele?".

Respondi que sim, porque o conheço bem e sabia que ele só queria preservar nosso relacionamento familiar do stress da rua, do trabalho... Eu contei ao Jô que a "chamada" do meu marido me levou a adotar uma atitude simples, mas de efeito instantâneo, para fazer o corte com a realidade do lado de fora: assim que entrasse em casa, dar um beijão na boca do meu marido e outro na bochecha do meu filho. Esse gesto de carinho ajudaria a lembrar meu corpo e minha mente de que eu não estava mais na redação e que, enfim, poderia baixar a guarda e relaxar.

Um executivo de uma multinacional de cosméticos, que é meu amigo, dias depois da entrevista me contou que gostou da ideia e imitou. Ele também recomenda. A evolução é perceber que lucramos mais com a postura de dialogar do que com a de calar, sufocar, sublimar nossas necessidades.

12 Adiei demais ser mãe para não prejudicar minha carreira

JOYCE

Uso uma frase que diz muito do que eu penso sobre esse assunto: quem quer ser mãe um dia, mas adia demais, pensando que a medicina resolverá tudo, precisa ganhar consciência de que "não se descongela filho como se descongela lasanha".

Com base em anos de acompanhamento das demandas femininas, percebo em muitas mulheres a ilusão de que elas poderão focar só no trabalho, que quando o relógio biológico apitar, por volta dos 40, 45 anos, sempre poderão contar com a alternativa de apertarem um botão, como fazem no forno de micro-ondas. Fantasiam que só precisam esperar um pouquinho (e pagar caro numa clínica bem recomendada), que vão receber embriões "descongelados", prontos para implantar no útero e depois comemorar "partiu, enxoval". Não é assim que funciona. Em outras palavras, não existe 100% de garantia de sucesso, saiba disso.

Para ilustrar com dois casos públicos de colegas jornalistas, tratamento artificial deu certo com a Fátima Bernardes e não com a Ana Paula Padrão. Deu certo para mim, aos 35 anos, na primeira tentativa, mas foi um processo bem complicado, que vou resumir a seguir. Antes, convido você a refletir: será que as mulheres estão suficientemente bem-informadas sobre as limitações de adiar demais a maternidade? Ou evitam se informar para terem a desculpa perfeita para postergar?

Em 2014, participei de uma roda de conversa de cerca de trinta altas executivas, na faixa de 30 a 40 anos, e elas pareciam surpresas (e com expressão bem preocupada) enquanto ouviam um famoso ginecologista dar detalhes dos benefícios e dos riscos dos tratamentos artificiais. Juro que pensei com meus botões: será que elas nunca abriram uma revista feminina na vida? Um dos detalhes dizia respeito à discussão médica sobre má-formação congênita em bebês nascidos por fertilização *in vitro* (FIV ou fora do corpo feminino, conhecida por proveta).

Conheço poucas mulheres que fazem isso, mas é inteligente procurar o médico para uma avaliação da sua fertilidade. Com exames simples, ele poderá ajudá-la a programar esse adiamento com maior segurança. Recomendar "fique tranquila, pode pensar em engravidar daqui a cinco anos" ou "se eu fosse você, começaria a tentar no ano que vem". Já tem um parceiro para chamar de pai? Também é bom que ele saiba como está sua própria saúde sexual. Evitará stress futuro, já que, em muitos casos, na hora que o casal decide tentar e não consegue, o corpo da mulher é virado de cabeça para baixo para detectar problemas, sendo que a resposta pode estar no corpo... dele.

Essas informações ajudarão a montar seu plano de vida, muito melhor que só o de carreira, porque permite encaixar projetos profissionais e pessoais, evitando que fique sonhando com bercinhos lindos bem quando começa um MBA.

Outra questão a considerar é sobre como funcionam os tratamentos artificiais, caso precise recorrer a um. Diferentemente dos homens, já nascemos com nosso estoque de óvulos, que vão envelhecendo ao longo do tempo. A partir de 35 anos, a fertilidade feminina costuma cair em 30%, dificultando uma gestação convencional com "papai e mamãe". Estudei uma pesquisa que dizia que 34 anos é a idade ideal para engravidar, e o argumento é de que, a essa altura, a candidata a mãe está bem tanto do ponto de vista emocional quanto físico. Passou disso, a coisa complica se você só puder contar com a natureza. Congelar óvulos, sem dúvida, é uma alternativa para mantê-los jovens. Não há certo nem errado. Apenas alerto que é preciso aumentar a informação sobre a complexidade dessa decisão. Para quem enfrenta um câncer e precisará fazer quimioterapia, não há dúvida de que deve retirar antes uma quantidade de óvulos e congelar, para preservá-los para o futuro. Mas uma mulher sadia precisa desse recurso só porque seu ambiente profissional tem preconceito com profissionais mães? Se você for competente, não deveria procurar trabalhar num outro local sem esse preconceito (por exemplo, na multinacional Avon, que se orgulha da creche oferecida às funcionárias)?

Adorei ser convidada por um banco global para conversar com suas funcionárias e mostrar que é possível conciliar carreira e maternidade. O RH estava preocupado em reduzir o índice de 20% que pedia demissão depois da volta da licença-maternidade. Levei dados, contei sobre profissionais mães que já entrevistei, partilhei minha história pessoal.

Vale contar que esse banco adotou várias iniciativas interessantes, como "educar" os chefes homens para não reagirem mal quando uma subordinada trouxesse a notícia "estou grávida". E formou fichas para que ambos os lados registrassem a evolução dos projetos durante a gestação, assim a equipe não ficaria perdida durante a ausência da responsável. Portanto, há empresas acordando para a necessidade de reter seus talentos femininos, sem impedi-los de viver a maternidade.

Eu fui uma garota namoradeira e apaixonada pelo trabalho, além de amar viajar. Por isso, conheci meu marido com 32 anos, na capital baiana, no meio de um bloco no Carnaval. Namoramos, casamos, e nada de eu engravidar. Descobri que tinha endometriose, doença conhecida como o mal da mulher moderna, que entupiu e danificou minhas trompas.

Como sou prática, não pestanejei e recorri à fertilização *in vitro*. Por duas semanas, me apliquei quarenta injeções de hormônio para estimular meus ovários a trabalhar mais naquele período (é que, sem esse estímulo, geralmente um ovário de cada lado libera um óvulo por mês). Fui sedada para a retirada de trinta óvulos.

Meus ovários pesavam tanto, que parecia que eu carregava uma jaca de cada lado quando andava. A clínica selecionou doze. Depois de fecundados no laboratório, sete vingaram, virando embriões. Mais três dias de preparação "fortificante", e os cinco que continuavam vivos foram implantados no meu útero. Lembro do meu médico, minutos depois da implantação dos embriões dentro do meu corpo, dizer: "Joyce, fomos até onde era possível. Agora é com a natureza".

Dois fixaram no meu útero. Festa! Só que tive uma gravidez gemelar supercomplicada, fiquei de agosto a dezembro imóvel numa cama para evitar sangramentos (e num deles quase morri) e 50% de sucesso, pois um bebê sobreviveu e o outro, diagnosticado com má-formação congênita (hérnia diafragmática) no quinto mês, não. Faleceu em 22 horas.

Tenho um filho maravilhoso, que amo de paixão. Precisei de trinta óvulos para, no fim das contas, ser

"Há empresas acordando para a necessidade de reter seus talentos femininos, sem impedi-los de viver a maternidade."

mãe de filho único. E poderia não ter tido nenhum, depois desse esforço todo. No meu caso, era infértil. Mas, pensando em quem é saudável, não seria mais negócio abrir um espaço na agenda para também encontrar e amar um pai e ter um filho sem esse desgaste triplo (emocional, físico e financeiro)?

Digo isso porque congelar óvulos sairá caro demais se a expectativa não for atendida. Não se descongela filhos como se descongela lasanha de supermercado. Nem dá para "abandoná-los" num laboratório se mudar de ideia. Será que as empresas americanas que estão incluindo congelamento de óvulos entre os benefícios para as funcionárias têm completa informação sobre o tema? E suas funcionárias, têm? E quando elas mudarem de emprego, já que atualmente não se faz carreira num lugar só, "pegarão" seus óvulos quando derem baixa na carteira? Brincadeiras à parte, esse benefício é polêmico.

E se a pessoa se apaixonar por alguém que não quer fazer filhos em laboratório – o que farão com seu material genético? E quanto às jovens que recusarem o benefício e engravidarem, serão subjetivamente prejudicadas na hora de uma promoção? Há muitos questionamentos que eu gostaria de fazer se trabalhasse nesse ambiente. Informação nunca é demais, principalmente quando diz respeito a algo tão valoroso como a vida.

CLAUDIO

Em meados de 2014, algumas grandes empresas multinacionais, entre elas a Apple e o Facebook, começaram a oferecer o benefício do congelamento de óvulos para que suas executivas pudessem optar por adiar ao máximo a maternidade. Eu juro que quase caí da cadeira quando li a notícia no jornal. E olha que eu nem tinha conhecimento dessa experiência pessoal que a Joyce nos relata em detalhes aqui. Concordo inteiramente com ela quando afirma ser quase uma crueldade caso empresas ofereçam o pagamento dessa técnica médica sem que suas funcionárias tenham pleno conhecimento dos riscos físicos e psicológicos envolvidos. Ainda assim, gostaria de acrescentar mais alguns elementos a essa discussão.

O primeiro ponto é um tanto quanto filosófico, mas tem a ver também com uma visão mais masculina da questão. O mundo evoluiu, é verdade. O ser humano também. Os avanços da medicina estão aí para comprovar isso. Temos uma vida muito mais longa hoje e os cientistas já afirmam que, num futuro próximo, não será loucura pensar numa expectativa de vida média de cem anos. Conhecemos uma série de coisas que nos permitem viver melhor, como a prática regular de exercícios e complementos vitamínicos. Entretanto, acredito que o nosso corpo seja muito parecido com aquele dos primeiros hominídeos que começaram a perambular pelo planeta alguns milhares de anos atrás.

A natureza foi muito sábia quando estabeleceu as coisas das quais, até bem pouco tempo, não podíamos fugir. Imagino que o período de fertilidade da mulher ser mais limitado não acontece por acaso, pois coincide com a época em que ela tem mais energia não somente para gerar, como para criar seus descendentes. Por mais que possamos estender nossa vitalidade por muito mais tempo, não sei se a experiência de ter um filho próximo aos cinquenta anos é tão interessante. Se, por um lado, a mulher está mais madura e terá outra visão sobre o que é ser mãe, pensando alguns anos à frente, ainda vai precisar despender uma energia enorme talvez no momento em que já estivesse pensando em desacelerar e curtir um pouco mais a vida.

Além disso, a decisão de ter um filho deveria ser compartilhada entre um homem e uma mulher. Claro que existem exceções, mas, se você divide sua vida com alguém e quer adiar a maternidade, seria melhor consultá-lo a respeito disso e saber a opinião dele o mais rápido possível, de preferência antes de "juntarem os trapinhos". Lembre-se de que os homens também têm expectativas em relação ao casamento e, na maior parte das vezes, os filhos fazem parte desse pacote. Esteja certa de que se ele fizer questão de ter filhos mais cedo do que você, essa é uma questão que pode trazer complicações no seu relacionamento. O combinado não sai caro, e esse é um caso em que combinar antes pode poupar-lhe uma boa dor de cabeça e muitas mágoas no futuro.

Voltando ao caso das empresas que estão oferecendo o congelamento de óvulos como benefício, ao ler a notícia no jornal a primeira impressão que tive é que esse parece um recado sutil para que as mulheres abram mão da maternidade em troca do sucesso profissional. Impossível não pensar que na hora de promover alguém não levará vantagem aquela mulher que optou pelo congelamento. Numa análise fria, eu diria que a mensagem que a empresa está passando é "dê o melhor de si agora, não deixe a maternidade atrapalhar sua carreira. Fazendo assim, não deixaremos você na mão no futuro". Joyce já mostrou com seu exemplo pessoal que não é bem assim, pois as coisas não são tão simples quanto parecem e o risco de dar errado é grande.

Como fiquei indignado, resolvi consultar a melhor especialista em Recursos Humanos que conheço, que é minha esposa.

Além de trabalhar durante muitos anos nesse setor, ela é mãe e trabalha numa empresa que tem se destacado por oferecer uma política de trabalho equilibrada, que permite às mulheres exercerem, ao mesmo tempo, a maternidade e o avanço em suas carreiras. Eu tinha certeza de que ela ficaria mais indignada do que eu quando soubesse da notícia.

Para minha surpresa, a resposta que obtive foi um pouco diferente da que eu esperava. "Talvez esse não seja o melhor modelo. Mas você já parou para pensar que essa pode ser uma demanda interna das mulheres e que, somente por isso, as empresas resolveram implementar essa política?". Pois é, eu não imaginava que as mulheres pudessem achar isso uma boa ideia. E me senti um idiota por não ter enxergado isso.

Sendo assim, depois de ouvir minha esposa, vou pensar duas vezes antes de atirar a primeira pedra. Mas ainda estou incomodado. Imagine que você optou pelo benefício. As coisas na vida profissional às vezes não funcionam da maneira planejada. De repente, sua empresa descobre que você não era a pessoa mais adequada para aquela posição para a qual você se preparou por anos. Ou, por causa de uma crise financeira, achou por bem desligar você do quadro de funcionários. Pode acontecer. E agora? Chorar o leite derramado não é uma opção e você pode ter perdido um tempo enorme nessa aposta.

Se a sua empresa estiver oferecendo esse benefício a você, vou procurar pensar que tem a melhor das intenções, uma vez que era isso mesmo que você estava desejando. Mas, antes de aceitar, reflita que as escolhas que fazemos na nossa vida pessoal ainda estão mais sob nosso controle (não muito, é verdade) do que as que fazemos na carreira. Ainda assim, se julgar que isso é o melhor para você nesse momento, siga em frente, mas esteja consciente dos riscos que podem se apresentar no futuro.

Eu ainda fico com a opinião da jornalista Regina Augusto, num texto publicado no dia 3 de novembro de 2014, no seu blog da revista *Meio&Mensagem*, o qual tenho a liberdade de reproduzir alguns trechos:

> "(...) Embora o número de mulheres que conseguem conciliar com sucesso família e trabalho esteja crescendo, as estatísticas ainda reforçam o contrário. E essa realidade ainda é mais cruel no mercado de tecnologia. Um relatório do National Center for Women & Information Technology, de 2009, revelou que 56% das mulheres deixam o campo da tecnologia no meio do caminho de suas carreiras. Para muitas, o setor não dá margem para acomodar as necessidades de uma família.
>
> Do ponto de vista ético, a decisão da Apple e do Facebook foi considerada por alguns especialistas como uma invasão além do desejado na vida particular dos seus colaboradores.
>
> Na quinta-feira, 30, Tim Cook, presidente executivo da Apple, anunciou publicamente que é gay em um ensaio na revista *Bloomberg Business Week*. Trata-se do primeiro líder de uma das 500 maiores empresas dos Estados Unidos a assumir essa orientação sexual. (...)
>
> O Facebook tem como COO Sheryl Sandberg, que no início de 2013 lançou o livro *Faça Acontecer* (Companhia das Letras), no qual defende que muitas vezes, por medo e insegurança, as mulheres se sabotam e não ascendem na carreira profissional. Para vencer essas barreiras, ela propõe que as mulheres aumentem sua autoconfiança, não se apeguem a modelos inatingíveis

e façam com que seus parceiros dividam com elas as responsabilidades da casa.

Em outras palavras, mesmo tendo um gay no comando e uma mulher ativista da causa feminina no board, respectivamente, Apple e Facebook estão dizendo às mulheres: sejam homens. Uma contradição justificada pelo ritmo incansável que a inovação impõe, pela pressão econômica para manter em alta o preço das ações das companhias que comandam na Nasdaq e por um padrão mental antigo, embora sejam duas das empresas mais inovadoras do planeta. (...)"

13 Sou bonita, bem-sucedida, só não consigo um namorado

CLAUDIO

Cada vez que ouço essa queixa fico me perguntando as razões pelas quais mulheres bonitas, inteligentes e bem-sucedidas não conseguem despertar o interesse do homem que quiserem. Outro dia, lendo um texto de uma advogada e professora universitária publicado no blog dela, em que abordava "a incrível geração das mulheres que foi criada para ser tudo o que um homem NÃO quer" (as letras maiúsculas eram propositais), fiquei pensando sobre como algumas mulheres estão equivocadas a respeito do universo masculino – e o que os homens esperam delas.

Mais e mais homens admiram namoradas, esposas e amigas que trabalham e estudam com afinco, que são independentes e administram seus salários – tudo bem que não entendemos por que pagar tão caro numa bolsa, ainda mais quando já existem outras quarenta no closet, muitas delas bem parecidas com o novo exemplar; mas isso é apenas um detalhe... Também curtem que suas amadas dirijam bem e saibam fazer o imposto de renda. Você pode não acreditar, mas nós, homens, apreciamos tudo isso. Então, qual é o problema?

A tese da autora do texto, com a qual concordo plenamente, é de que as novas gerações de mulheres são criadas para serem completamente independentes. Elas estudam, trabalham, ocupam cargos de destaque na sociedade. Enfim, foram educadas para ganhar o mundo. Até aí, tudo bem. Entretanto, na opinião da advogada e educadora, a sociedade ainda "vende" a figura da mulher como sendo a responsável pela casa e pelos filhos, e que é justamente isso que os homens ainda esperam. Afinal, não foram educados para encarar as independentes e seguras. Daí, a dificuldade de conviverem com "mulheres que voam".

Talvez alguns retrógrados ainda tentem perpetuar essa educação conservadora e ultrapassada. Mas tenha certeza de que eles não fazem parte do rol dos espécimes masculinos mais interessantes que eu conheço. Ler que as mulheres procuram um companheiro, lado a lado, de igual para igual, e que somos a geração da parceria, não da dependência, não é nenhuma novidade para mim. E ainda bem que é assim.

Só convém lembrarmos que existem muitos homens modernos que estão na mesma página deste livro. Assim como acho uma bobagem e até ingenuidade pensarmos que a vida mudou somente para as mulheres. Como é que alguém pode imaginar que, enquanto vocês foram criadas para ganhar o mundo, nós não percebemos isso e ficamos todos esses anos parados, assistindo de camarote, esperando para casar com a princesa encantada?

Participo de vários eventos em que são discutidos os avanços e os desafios femininos, e uma coisa fica clara: as mulheres não vão andar para trás; então, a mentalidade é que precisará andar para frente. Sou testemunha de que nenhuma vai recuar de sua liberdade conquistada. Não deve mesmo. Mas aquela que usar isso como desculpa para não arrumar um namorado vai continuar sofrendo um bocado.

A chave está em falarmos da alma feminina. Daquelas características que nós, homens, gostamos tanto: a delicadeza, o charme, o carinho e o afeto que existem dentro de cada mulher. Enfatiza-se muito a procura por um parceiro, sem citar a palavra amor. Ganhar o mundo virou uma meta importantíssima, mas não creio que as mulheres precisem deixar de lado o romantismo.

Mulheres emancipadas, que trocam pneus, abrem latas de palmito, curtem futebol, pagam jantares, mencionam ainda estarem na "luta" para encontrar um parceiro. Mas será que estamos mesmo em guerra? Será que as mulheres não precisam baixar um pouco a guarda e, por que não dizer, rebaixar um pouco a sua régua de expectativas?

Compartilho aqui a conversa que tive com uma amiga de longa data, desquitada, pois vai ajudar a ilustrar meu ponto de vista. Dizendo estar cansada de procurar um parceiro, ela me contou algumas de suas experiências e descreveu como avaliava seus potenciais namorados. Quase cheguei à conclusão de que algumas mulheres não se apaixonam mais – elas fazem entrevista de emprego. No caso, a vaga a ser preenchida é a de namorado, com um plano de carreira prevendo a evolução para o cargo de marido a médio prazo.

Claro, sua premissa básica era procurar um cara bacana, de preferência bonito (embora enfatizasse não ser fundamental), educado, viajado, com um emprego estável. Atendendo aos pré-requisitos iniciais, minha amiga precisava saber se o candidato estava preparado para encarar uma mulher moderna, com todos os "desafios" que isso poderia representar. Precisava saber, por exemplo, que ela não tinha paciência para dar satisfação de onde estava, que gostava de sair com as amigas, que preferia jantar fora a cozinhar e, principalmente, que não haveria a menor disposição para lavar cuecas.

Se o candidato passasse na primeira fase da entrevista – sim, o processo era bem complexo –, vinha a importantíssima: se ele tinha uma carreira tão atribulada quanto a da minha amiga, pois ela ainda era jovem e queria pelo menos um filho. Por isso, precisava saber se o candidato a pai teria disponibilidade para compartilhar as responsabilidades. Saber cozinhar, lavar pratos, arrumar a cama também contavam pontos na avaliação.

Fico imaginando a cara do rapaz sendo sabatinado dessa forma já nos primeiros encontros. Até eu, que não tinha nada a ver com esse peixe, já estava me sentindo pressionado. Num certo ponto da conversa, não resisti a perguntar: "E a paixão? O tesão?". A resposta que ouvi foi: "Claro que rolam também". Não ficou muito claro para mim se "rola" mesmo na primeira ou segunda fase do processo, mas compreendi que, se o candidato for reprovado nelas, o namoro não decola. "É melhor parar, antes que eu me envolva de verdade. Já sei que não vai dar certo lá na frente", vaticinou minha amiga, no ápice de seu pensamento cartesiano.

Confesso que fiquei triste pela resposta. Talvez ela esteja correta, só que as consequências são claras. A primeira é que ela dificilmente vai achar o par perfeito. A segunda: ela esquece que do outro lado também há expectativas e sentimentos. Havia uma chance de que esse homem, mesmo não preenchendo todos os requisitos, pudesse ser não somente um bom parceiro, mas aquele que lhe proporcionaria o amor e o carinho que essa amiga buscava. A partir daí, eles poderiam tentar traçar, juntos, objetivos em comum.

Eu ainda acredito que as pessoas se apaixonam. Simples assim. A vida moderna nos leva a procurar "parceiros". Afinal, viver com alguém, ter uma família, requer comprometimento.

Mas o amor e a paixão sempre terão seu espaço nesses relacionamentos. Do contrário, eles não sobrevivem. Como disse, discordo da tese de que os homens têm medo ou não foram educados para viver com mulheres independentes e bem-sucedidas. Talvez eles tenham medo mesmo é de mulheres que coloquem sua independência e seus objetivos pessoais acima de qualquer coisa ou sentimento bom. Qual mulher também não correria de um homem assim?

Tem muita gente solteira por aí, pelas mais variadas razões. Mas uma coisa é certa: homens e mulheres procuram a mesma coisa, um relacionamento feliz, repleto de cumplicidade e parceria. Se você está sozinha e ainda acredita que ninguém a deseja porque é uma mulher independente, e os homens não sabem lidar com isso, está na hora de mudar seus conceitos. Aquelas que já superaram essa fase têm boa companhia para um vinho e muito mais.

JOYCE

Fazer uma análise bem realista da sua lista de expectativas, de exigências, de pré-requisitos é um ótimo começo. Talvez perceba que está valorizando aquilo que os outros querem que você valorize, e não o que a sua essência, a sua intuição, a sua pele, o seu coração dizem. Digamos que ter estabilidade financeira lidere sua lista, e você conheceu um empresário promissor. O negócio dele pode crescer em dois anos e depois sofrer baques. Ou o inverso.

O sucesso está muito mais volátil. Um executivo brilhante pode estar desempregado no semestre seguinte, correndo para fazer o novo cartão de visitas intitulando-se consultor. Não quero desanimar. Apenas mostrar que é perigoso guiar-se menos pelo caráter e visão de vida, menos pela química e faísca de tesão que poderão virar amor, do que pela segurança financeira e profissional que o cara possa aparentar naquele momento.

Em 2015, editei o livro de um empreendedor fantástico, ex-catador de lixo que hoje fatura cinquenta milhões de reais por ano com reciclagem automotiva, sem ter concluído a graduação em contabilidade. Ele quebrou a cara nos negócios seis vezes antes de se firmar como pioneiro no seu ramo. Agora imagine se a esposa dele tivesse priorizado estabilidade financeira quando o conheceu?

O que os dois me contaram é que tiveram uma afinidade fundamental: eram batalhadores, trabalhavam muito, incluindo nos fins de semana, e deram a volta por cima juntos. Estão casados há mais de trinta anos, com um dando força ao outro, e dizem que "não tem essa de dormirem brigados, é sempre de conchinha". São, no sentido ideal da palavra, parceiros. Trocam amor, confiança e positividade, energia boa na vertical e na horizontal também, se é que você me entende.

Eu acredito nisso. Quem não tem medo de trabalhar e valoriza aprender sempre já merecia meu voto de confiança. Se tivesse algum charme (pois atração física é motor de qualquer relacionamento), mostrasse amor-próprio (que é diferente de ser um narcisista de carteirinha), fosse gentil e educado, soubesse tratar bem uma mulher, me animava a reparar melhor no sujeito. Se o beijo fosse bom, então...

Mas tive uma amiga que já desaprovava um sujeito se ele usasse sapatênis. Ora, quando estivessem namorando, ela poderia presenteá-lo com sapatos melhores! Quando conheci meu marido, no Carnaval baiano, não gostava do corte de cabelo dele. Foram dois anos de namoro até convencê-lo a passar a tesoura naquele look *a la* Beatles. Valeu o risco de colocá-lo dentro da minha vida de mulher independente e de encarar esse desafio estético, porque cada dia ao lado dele é muito bom.

Muitas mulheres conquistaram altos salários, altos cargos, altas viagens. Ficou tudo num patamar tão alto, que passaram a olhar os outros de cima para baixo. Pois eu recomendo sair mais vezes dessa redoma de mulher autossuficiente, que cai muito bem no ambiente profissional. Já no amor, só a distância de encontrar alguém especial: aquele com quem vai querer conversar, viajar, jantar, transar regularmente, revelar suas fragilidades e pedir colo de vez em quando.

Tudo certo com mulheres que preferem curtir a solteirice. É livre-arbítrio. Mas vejo muitas outras mais românticas investindo todas as fichas na carreira por medo de se machucarem no amor. Estão exigindo tantas garantias do homem, que ele fica incomodado, cansa ou prefere ir comprar bicicleta. Existe, sim, o risco de você se lançar numa relação afetiva e não dar certo. Mas pode também dar certo... Só que o medo de se envolver, e de a decepção vir cedo, coloca essa divisória imaginária que mina o tesão, o romantismo, e transforma primeiros encontros em processo seletivo de empresa.

Não dá para controlar a relação afetiva como a gente faz com a carreira. Então, existe a tentação de nem tentar, prevendo que a felicidade amorosa será parecida com encher uma bexiga de ar e soltar. Ela sai voando, faceira, para cair num canto assim que esvazia. Estudiosos que já entrevistei enxergam que, quanto mais essas profissionais acumulam vitórias na profissão, mais temem ser rejeitadas, sentir na pele uma frustração amorosa.

Como uma diretora de banco vai ficar deixando recados no WhatsApp para o namorado, sem resposta imediata? Daí, para evitarem sentir-se rejeitadas, não desejadas, traídas – riscos inerentes a um romance –, inconscientemente assumem o controle da situação rejeitando antes os seus candidatos. Será que você tem praticado essa autossabotagem?

Também já entrevistei vários homens queixosos de o romance não decolar porque a mulher olha para eles como se fossem empregados. O marido da minha amiga *headhunter* avisou no começo do namoro: "Ei, não sou seu funcionário". Ela levou o que ele disse a sério, prestando atenção principalmente no tom da sua fala.

Isso é impor limite. É relação adulta, de homem e mulher. E ainda bem que naqueles primeiros encontros cada um teve espaço para expor o que sentia. "Só que não vemos homens falando isso por aí. O mais comum é se afastarem. Por isso tantas mulheres saem com vários e não dão certo com nenhum", na opinião dessa *headhunter*.

É comum a queixa masculina de que as mulheres estão agressivas, autoritárias, e alertando que ser independente não significa ficar jogando na cara do outro o tempo todo que não precisa dele para nada. Na outra ponta, a ala feminina reclama que falta homem à sua altura. Como o desenho que a mulher faz do homem ideal vai mudando, de acordo com seus próprios avanços, às vezes beira o inatingível! Daí, não vai encontrar o que procura *nunca*, porque esse ser tão perfeito e 100% compreensivo não existe. Em palestras, brinco que não adianta desejar o bonitão, paizão e rico Brad Pitt, porque a Angelina Jolie já pegou.

> "Não dá para controlar a relação afetiva como a gente faz com a carreira."

Pare de se prender a um modelo idealizado, ou não conseguirá se abrir para ver se é capaz de gostar e muito daquela pessoa imperfeita na sua frente. Há quem diga: "Sou tão boa em tudo, mereço ter um homem melhor do que eu". Mas o que é esse "melhor"? Depois não entendem por que uma amiga sem tantos atributos está casada com um bonitão bem-sucedido. Ficam pensando: "o que ele vê nessa moça sem sal?". A resposta é simples: ele se sente bem ao lado dela, não comparado e nem diminuído. Quem viu o filme *O casamento do meu melhor amigo*, com a personagem de Julia Roberts perdendo um cara incrível para a Cameron Diaz, entende o que estou falando.

Como num filme que se repete nos últimos anos, cada vez mais mulheres poderosas se fecham num protótipo de homem ideal. Checam onde o sujeito trabalha, o que faz, seu bairro, o carro, os lugares que frequenta, como se veste, se é viajado e se cozinha macarrão. Essa mania feminina de querer controlar o destino só atrapalha.

No meu primeiro livro, a minha amiga *headhunter* conta que uma aluna do MBA, de 34 anos, veio perguntar se estava na hora de engravidar.

> "Começou a fazer umas contas... Eu a interrompi: 'Posso dar uma sugestão? Pare de tomar anticoncepcional e deixe que aconteça.' E expliquei o óbvio: a gente pensa que pode controlar tudo, incluindo o amor, a maternidade, mas não funciona assim. Dê chance à natureza de fazer sua parte."

Onde eu menos esperaria encontrar meu futuro marido seria no Carnaval da Bahia. Ele também é jornalista, morava a cinco minutos da minha casa, em São Paulo. Entretanto, precisamos viajar duas horas de avião para nos conhecermos, no meio de uma multidão, ambos com mais de trinta anos e mais maduros para enfrentar os riscos do amor.

14 Uma amiga me alertou que estou me esquecendo de ser mulher

CLAUDIO

Num mundo em que cada vez mais não há papéis predefinidos, suspeito que o conceito de "ser mulher" não esteja relacionado com abandonar a casa ou à falta de cuidados com marido e filhos, como se pensaria na década de 1960. Em função da pressão do dia a dia, talvez sua amiga esteja percebendo que você está deixando um pouco de lado a sua "essência" feminina.

Assumindo que essa amiga também é sua colega de trabalho ou acompanha seus passos profissionais, pode ser que queira alertá-la de que está assumindo uma postura mais "masculina" no escritório. Quantas vezes não nos deparamos com reportagens discutindo o comportamento de executivas que "agem como homens", impondo-se à força nas empresas, falando alto e subjugando seus subordinados? E quantas vezes ouvimos histórias de mulheres indignadas por trabalharem com "chefas" incapazes de entenderem seus problemas?

Nas empresas, as mulheres estão fazendo a diferença (e muita) exatamente quando colocam em prática características tipicamente femininas, como sensibilidade, habilidade na negociação, astúcia, maior atenção aos detalhes, e por aí vai.

Aproveite que várias empresas já perceberam isso, e estão valorizando mais a presença das mulheres em seus postos de liderança, para aplicar em seu trabalho o que existe de melhor em você. Imitar os profissionais homens está ficando fora de moda. Porque fica forçado.

Se essa amiga não tem ligação com seu trabalho, mas a conhece desde os tempos do colégio, pode estar enxergando alguns efeitos perversos que a pressão pelo sucesso profissional está trazendo para sua vida pessoal. Quando foi a última vez em que vocês saíram juntas para jogar conversa fora e dar boas risadas? Lembra-se do dia em que parou tudo para fazer uma massagem ou dar uma volta no parque? E quando foi que você leu um bom romance, e não um livro relacionado a trabalho ou criação dos filhos?

Minha percepção é a de que a busca pelo sucesso seduziu as mulheres a tal ponto que algumas delas fecharam os olhos para os próprios valores e sonhos pessoais. É tanto foco e dedicação ao trabalho, que fica difícil "sair" do escritório, mesmo depois de entrar pela porta de casa.

Acredito que sua amiga a conheça o suficiente para perceber que você já foi uma pessoa mais sorridente, mais relaxada, mais delicada, que antes dedicava mais tempo aos seus sonhos e relacionamentos (incluindo aí as amizades) do que hoje. Que você adorava papear no salão de beleza e se arrumar para arrasar os corações masculinos, mas hoje está apenas preocupada em fazer uma boa figura na reunião. Aliás, você já percebeu que seu armário está repleto de terninhos e que sobra cada vez menos espaço para calças jeans, camisetas, tênis, saias coloridas?

Sendo homens ou mulheres, se não nos policiamos, vamos lotar nossos armários físicos e emocionais de cobrança por sucesso, deixando quase nada de espaço para coisas pelas quais realmente vale a pena viver: o romance, os sorrisos, os gestos de carinho, o bom humor e as boas risadas; enfim, as delícias das pequenas coisas que fazem parte da nossa vida. Pouco a pouco, vamos nos esquecendo de ser "homens" e "mulheres". Talvez o grande recado de sua amiga tenha sido para você querer ser menos máquina de dar resultados e mais humana.

JOYCE

Quem contrata um coach para repensar e planejar seu futuro profissional costuma preencher uma mandala com os diversos papéis e interesses na vida. E já entrevistei muitas mulheres que tiveram a seguinte constatação, com esse exercício: o trabalho que desenvolviam estava levando-as a um lugar cada vez mais distante delas mesmas. O que elas viam na mandala: a área da profissão enorme, ao contrário das relacionadas com família, amigos, suas vontades individuais.

Mesmo as solteiras ficavam surpresas ao enxergar que o trabalho praticamente tomava sua mandala inteira, enquanto os papéis ligados às relações de afeto (família e amizades) se resumiam cada um a quase uma linha, por exemplo. E qual o espaço para o lazer, o ócio criativo, os cuidados com a saúde, a *happy hour* com as amigas e outros prazeres que dão sabor à vida?

Quantas profissionais iniciaram sua jornada de autoconhecimento após esse exercício! Pois o alerta da sua amiga também pode motivar você a fazer sua jornada de autoconhecimento, para se reconectar consigo mesma. Há grandes chances de o seu EU corporativo ou empresarial estar abafando aquele EU feminino e humano tão bacana que ela conheceu. Que ria de gargalhar, que conversava sem ficar olhando para o celular o tempo todo, que namorava como se fosse a última vez e depois vinha saltitante contar, que arranjava tempo e energia para si e para as pessoas que ama e admira.

Numa esfera dominada por homens, as mulheres trabalharam duríssimo nas duas últimas décadas para provar competência. Não foram convidadas a entrar. Chutaram a porta, procuraram aprender os códigos masculinos, estudaram muito mais, batalharam o triplo que os colegas engravatados, mesmo recebendo cerca de 30% a menos na mesma função. Só que o trabalho e a carreira podem ser frustrantes se mal-administrados se sugarem a vácuo o lado humano a ponto de profissionais homens e mulheres não reconhecerem mais sua identidade.

Participei de um projeto de pesquisa com mulheres vanguardistas de várias capitais brasileiras; e tanto eu quanto a antropóloga do grupo ficamos chocadas com o fato de que as entrevistadas falavam horas da carreira, mas ficavam pensativas, meio sem saber o que dizer, quando eram perguntadas sobre seus sonhos. "Sim, quais são seus sonhos?", a antropóloga insistia.

O grupo teve altas discussões para tentar mensurar quanto essa extrema dedicação fez milhares de mulheres com sucesso profissional "endurecerem" sua essência feminina. Isso porque, se parecessem sensíveis, seguissem sua intuição, fossem mais colaborativas do que predadoras, eram criticadas e limadas das promoções por serem consideradas "muito moles". Se usassem tom vermelho nas unhas, na boca ou na tinta do cabelo, então, recebiam preconceitos piores. Para!

Felizmente, vemos mudanças. Caminhamos para não precisarmos mais seguir o modelo masculino, engrossando a voz e imitando o estereótipo do macho forte, controlador e agressivo.

A diversidade de estilos de gestão e de conduta está elevando lucro, inovação, retenção de talentos. Não canso de frisar isso. Mesmo assim, a competitividade atual nos obriga a sermos tão, mas tão assertivas no trabalho, que estamos com dificuldade de deixar esse nosso avatar lá no escritório. É por isso que o Claudio disse que algumas vezes percebeu que a esposa estava em casa, mas a cabeça dela ainda não tinha chegado. Meu marido me disse isso mais de uma vez. Retribuí o alerta com beijos.

Nesse resgate da feminilidade, chamo atenção para a vida sexual, pois pouco se fala dessa área que faz tão bem à saúde física e psicológica (com todo respeito a quem não curte). Como escrevi sobre amor e sexo durante cerca de vinte anos, domino o assunto. E sei que a libido feminina costuma baixar quanto mais o dinheiro e o cargo (ou seu negócio) aumentam. Motivo principal: cansaço, principalmente mental (e o cérebro é nosso principal órgão sexual).

Mas sempre é possível arranjar espaço na agenda e meios de carregar as baterias (com massagens ou dança de salão, por exemplo) para também cuidar da sua libido, se ela ficou perdida num mar de stress. Como disse minha amiga Laura Muller, sexóloga do programa global *Altas Horas*, para o meu primeiro livro:

> "O que proponho é um retorno ao feminino, na sua essência. Há de se resgatar o jogo de cintura, o molejo, a flexibilidade, o carinho, a sensibilidade, a intuição, a empatia, o fogo da sedução... Basta que seja mulher, adulta, responsável pelo seu prazer, feminina... Se eu entender que falhas existem e que sempre é possível recuperar o clima perdido em alguma vala de stresses e ansiedades provocadas pelo mundo exterior, dá para viver o sexo plena e satisfatoriamente. Jogar as armas, as luvas de boxe e... descontrair."

15 O homem ainda espera uma mulher que fique ao lado dele. Só que ela foi trabalhar

CLAUDIO

Ao contrário daquilo que o imaginário popular nos faz crer – e, mais do que isso, o imaginário feminino –, homens também querem casar. Aquela história de que "todo pé cansado procura um chinelo velho onde repousar" vale para os dois lados. Entretanto, à medida que nos envolvemos cada vez mais com nossas atividades profissionais, muitos de nós escolhemos sucumbir a vida pessoal, e isso inclui nossos relacionamentos.

Voltamos aqui no velho ponto das escolhas que fazemos em nossa jornada. Colocar todas as fichas na profissão é uma aposta de altíssimo risco (para ambos os lados, diga-se de passagem). Afinal, ninguém se casa para se sentir sozinho a maior parte do tempo, certo?

Se é verdade que conviver com uma mulher independente não assusta mais quase nenhum homem inteligente, uma boa parte ainda não se acostumou com a ideia de compartilhar as atividades domésticas e o cuidado dos filhos. Tem um namorado ou marido que ainda joga nesse time e você ama a sua carreira? Sinto dizer, mas sua vida como um todo será mais difícil, colocando-a diante de uma escolha delicada no futuro.

Ter um parceiro com quem possa dividir as responsabilidades facilita bastante. Só não se iluda, pois ele ainda vai querer desfrutar de tudo o que compõe o pacote casamento: sua companhia para momentos de afeto e de prazer, na cama ou fora dela. Queremos alguém do nosso lado para jantar no restaurante estrelado, dar risada na mesa do bar com casais de amigos, ir ao cinema ou teatro ou até para conferir uma série na TV enroscados no cobertor. Ah, claro, satisfação mútua na cama, pois também valorizamos isso.

Almejar essas coisas com quem direciona quase todas as energias para o trabalho fica complicado. Por mais compreensiva e participativa que seja a pessoa do seu lado, esse é um copo prestes a transbordar. Resumo da ópera: equacionar amor e carreira de uma maneira saudável não é nada fácil. E se existirem filhos, acrescenta-se um componente ainda mais delicado nessa equação.

Você ficaria assustada se soubesse quantas vezes a frase "nossa relação mudou da água para o vinho depois que vieram os filhos" é pronunciada tanto nas rodinhas de conversa masculinas quanto no divã dos psicanalistas. É natural – e nem poderia ser diferente – que a mulher que trabalha fora dedique seu pouco tempo livre ao cuidado, ao carinho e à educação das crianças. Mas não são raros os momentos em que os maridos se sentem competindo por migalhas de atenção da esposa.

Além disso, o que mais se vê é uma proteção exagerada com os filhos, que chega a beirar o irracional. Vide as idas ao pronto-socorro de madrugada, bastando que a criança tenha tosse ou princípio de febre. Coitado do pai que resolve ter opinião justamente nessa hora, na melhor das intenções de participar das decisões que os envolvem, sugerindo: "não seria melhor irmos tratando com o remédio que temos em casa e esperarmos até aparecer algum outro sintoma, antes de corrermos para o hospital?".

Nessa hora, ele entra em um campo minado e, óbvio, invariavelmente perde a guerra. A discussão é inevitável, a criança já melhora no carro antes mesmo de chegar ao hospital; e você não se aguenta em pé no escritório no dia seguinte. Já viu esse filme? Provavelmente. Ninguém sai ganhando, mas a sua relação é quem acaba fragilizada. E seu marido, que já se sente colocado para escanteio, fica com a sensação de não ter voz em casa nem mais para palpitar na febre do seu filho.

Não sou psicólogo, mas acredito (e acho compreensível) que a mãe que trabalha fora tende a ser superprotetora na tentativa de compensar uma "culpa" de não poder dedicar mais tempo aos filhos. Por isso, não custa nada lembrá-la de que existe um pai e que é importante para todos procurar ouvir o que ele tem a dizer.

A experiência de ser mãe ou pai é uma das mais ricas pelas quais um ser humano pode passar, tanto que passa a nortear a sua vida. Verdade que ninguém precisa ter descendentes para se tornar um humano melhor. Porém, a chegada de um filho talvez seja a maior oportunidade que temos para nos transformarmos em pessoas mais atentas às nossas ações, pois a partir desse momento viramos os maiores exemplos da vida dele.

Essa mudança para melhor não deveria mudar para pior a maneira como vivenciamos nosso relacionamento amoroso, concorda? Crescer a família é um acontecimento que deveria somar e multiplicar, nunca diminuir e dividir. Quando a relação com os filhos desgasta e até toma aquele espaço que deveria ser exclusivo do casal – e não são raras as vezes em que isso acontece –, o final da história nem sempre é feliz.

Voltando à figura do equilibrista de circo, que já utilizei neste livro, você pode até contar com a ajuda de seu marido ou da babá para continuar fazendo o pratinho dos filhos girar, mas o do seu relacionamento amoroso só pode ser equilibrado por você. Mesmo não tendo a mesma energia e disponibilidade para mantê-lo girando em alta velocidade o tempo todo, lembre-se de fazê-lo girar pelo menos de vez em quando. Senão ele vai acabar caindo.

Assim, a melhor saída para conciliar melhor tantos papéis diferentes – de profissional, mãe, esposa, filha, amiga – é manter a cumplicidade em alta, compartilhando angústias e alinhando expectativas. Conversar o tempo todo e, em função disso, fazer os ajustes sempre que necessários, levando em conta os desafios individuais de cada um. Seu marido certamente compreenderá sua ausência naquele momento em que necessita de dedicação maior à carreira, desde que a exceção não se torne a regra e que ele não se sinta de escanteio o tempo todo. E, naturalmente, ele precisa saber que a recíproca é verdadeira.

Sobretudo, uma última sugestão: essa conversa pode ficar melhor ainda se acontecer na noite da sexta-feira, degustando um vinho e namorando no sofá, depois que as crianças estiverem dormindo.

JOYCE

Sou tão fã do psicanalista Contardo Caliggaris, que incluí uma entrevista que fiz com ele para o meu primeiro livro. E uma das coisas que ele mais frisou foi: os homens querem casar muito mais do que as mulheres, só que sufocam essa vontade por pressão social. Achei curioso, até surpreendente saber disso nesses tempos de "filhos cangurus", em que cada vez mais homens ficam sob o teto dos pais até 34 anos, segundo pesquisas.

Também pensei que, se o cara vence a pressão de bancar o garanhão do pedaço, e se casa, é porque deve estar muito a fim de ter companhia. Não qualquer companhia, que chamo de "lanchinho da madrugada", mas uma companhia muito especial. O psicanalista contou que o homem quer casar e quer uma casa. Sente necessidade de ter um lugar para voltar, aquela sensação de pertencer ao lar. Coisa que sozinho não consegue fazer, segundo o psicanalista.

E tem mais: precisa se esforçar em dobro para convencer uma mulher como nós a se casar com ele, pois ganhamos independência econômica e emocional, então pensamos *muito* antes de encararmos as dores e delícias de viver a dois. Eu mesma só casei com 31 anos. Pedido de casamento aceito, os dois sobem ao altar, acreditando que vão unir corações e sêmens de um jeito absolutamente mágico.

Mas a rotina vai acabando com essa magia, deixando contas e mais contas para pagar – e dá-lhe trabalho dia e noite, roubando quase todo o tempo e a energia para aquele amor todo que os uniu. Isso sem contar a questão da realização individual, que também importa. Se chegam filhos, além da felicidade, as contas crescem feito fermento, tanto quanto as preocupações e as tarefas domésticas. Caso um pare de trabalhar ao menos faz com que a outra metade da laranja possa se realizar mais na profissão (mas sabendo que precisa trazer dinheiro pelos dois para dentro de casa). E a magia? O que é isso? É de comer?

Falando sério, um amigo confidenciou ao meu marido, enquanto os dois se serviam do bufê de saladas num restaurante:

"Eu queria que a minha mulher estivesse mais comigo em casa, mas ela adora o que faz", disse, consciente de que precisa dividir a esposa com o trabalho dela, mesmo sentindo falta da sua companhia. Digo em minhas palestras que, no passado, a mulher tinha dificuldade de sair de casa. Agora, tem dificuldade de voltar para casa. E cansaço virou seu "nome do meio".

O cuidado que ambos devem ter é para que as tensões e obrigações cotidianas, a vida profissional de cada um e a corrida atrás do necessário dinheiro não os transformem em dois estranhos, que só dividem responsabilidades com a casa e os filhos, e não multiplicam mais amor. Certa vez, na festa infantil de um coleguinha da escola do meu filho, uma das mães deu a notícia: "Estamos separados". Ela contou que ainda tentava digerir o pedido de divórcio do marido, consultor de finanças, feito durante um café da manhã naquela semana, sendo que não haviam discutido. Para essa executiva de multinacional do setor químico foi um susto.

O que pensei com meus botões, com base na minha experiência em escrever milhares de matérias para revistas femininas sobre casamento, é que ela não havia se dado conta de que foram se distanciando. Talvez o vínculo amoroso tenha enfraquecido gradualmente (como uma doença que avança sem apresentar sintomas) pela falta de conversas sobre temas agradáveis, falta de humor, falta de beijos de língua e *otras cositas más*, falta de olho no olho e pele na pele, falta de empatia + paciência + interesse por aquilo que o outro sente, mas não fala.

"Mas a rotina vai acabando com essa magia, deixando contas e mais contas para pagar."

São um casal, que arranja algum tempo e energia para se seduzirem? Ou viraram dois amigos-irmãos que mal se cruzam, trabalham pra burro e criam filhos? Uma dose bem misturada de disposição, força de vontade, diálogo e tempo ajuda muito no gerenciamento das demandas com a família e com o casal e afasta a chamada "solidão a dois". Isso é tão comum! Igual ao que se fala para aliviar a culpa de mãe em relação a filho, a qualidade do tempo que você dedica ao parceiro importa mais que a quantidade.

Meu marido às vezes surge com duas taças de vinho em nosso home office, no início da noite, quando estou no computador a mil por hora. No primeiro minuto, eu penso: "Por que ele não entende que eu estou trabalhando?". No minuto seguinte, penso que eu estou sempre trabalhando, sempre enlouquecida, sempre pretendendo concluir minha lista de textos, sempre com mais tarefas do que as 24 horas do dia comportam. No terceiro minuto, eu concluo: ainda bem que ele ousa tomar a iniciativa de me lembrar que é hora de fazer uma pausa para dar um pouco de atenção a nós dois!

16 Conquistei tanta coisa na vida, menos a felicidade

JOYCE

Para alguns, a felicidade é uma utopia, para outros, é um objetivo longe e inalcançável. E há quem seja incrivelmente feliz somente nas fotos do Facebook. A mulher que acredita que conquistou tanta coisa na vida, menos a felicidade, deve se perguntar, antes de tudo, o que seria essa felicidade conforme a sua visão individual. Até porque a saída passa por ganhar consciência do que realmente a fará feliz e por correr atrás.

Talvez a mulher se surpreenda tendo de reconhecer que conquistou um cargo alto na empresa e um salário invejável, mas não relaxa nunca. Quem não conhece alguém que se sinta uma máquina de dar resultados aos acionistas, sem vida pessoal? Salvo exceções, a pessoa vive assim só por um tempo. Uma hora seu "elástico" emocional estoura e ela joga tudo para o alto num fenômeno, estudado pelos experts em carreiras, chamado *opt out.*

Nos últimos anos, entrevistei muitas mulheres que estavam colocando todas as fichas da sua vida na carreira. E isso me acendeu uma luz amarela, começou a me preocupar. Eu adoro trabalhar, ganhar dinheiro, ter meus textos e palestras elogiados. Digo que o trabalho é o grande amigo da mulher, e não o diamante ou o cartão de crédito. Só que alerto nas minhas palestras que a carreira dá muitas coisas, mas não dá tudo. Há outras necessidades individuais que devem ser atendidas – cada pessoa precisa saber quais são as suas.

Para algumas mulheres, há a necessidade de viver um grande amor. Para outras, existe uma vontade latente de vivenciar a maternidade. Tem quem queira curtir para sempre a liberdade de estar solteira e poder fazer o que der na telha (morar onde quiser, viajar para onde quiser, trabalhar na intensidade que quiser...). Conheci profissionais bem-sucedidas que só se sentiram felizes, por exemplo, depois que acharam uma forma de tratar definitivamente sua obesidade e reduziram o peso na medida em que elevaram a autoestima. São desejos legítimos e devem ser respeitados. Quais são os seus desejos? Talvez o que a deixe infeliz é o fato de estar sufocando algum desejo importante, mesmo tendo conquistado vários outros.

Penso que gerações de mulheres antes de nós lutaram para que pudéssemos usufruir hoje de relações afetivas mais satisfatórias, melhores oportunidades no mercado de trabalho, uma imagem que não estivesse associada só ao papel de procriar... Tudo isso abriu novas chances para a felicidade. Mas você está sabendo ser feliz? Está aproveitando da melhor forma e com livre-arbítrio os frutos de tantas conquistas femininas obtidas nos últimos quarenta anos? E mais: está sabendo fazer seu coração feliz? Ou tem a ilusão de que vai cuidar disso só depois de ter um status profissional e financeiro de dar inveja? Minhas perguntas soam como clichês, no entanto estão na ordem do dia.

É um grande perigo enxergar a felicidade como se fosse uma cenoura que está sempre lá na frente, e a gente tivesse de seguir sofrendo hoje para agarrá-la apenas no futuro. Sabe aquela história de que "quando eu tiver a casa dos meus sonhos, vou ser feliz" ou "quando eu virar diretora, vou ser feliz"? Está mais para casca de banana essa crença de que será feliz só depois de conquistar tudo o que planeja nas finanças e na carreira. Pode demorar; e como você vai se virar até lá?

Em suma, é melhor trocar a imagem de uma felicidade máxima – como se fosse um troféu de Olimpíadas em corrida de obstáculos – por pequenos momentos de felicidade alcançáveis no presente, em meio às batalhas diárias. Quando fazemos projeções de bem-estar apenas depois de obtermos uma grande meta, não percebemos que há felicidade ao nosso redor mesmo sem apartamento grande e promoção a *big boss*.

Uma psicanalista da qual sou fã até defende que seremos mais felizes se pararmos de ficar aspirando um arrebatamento mágico e tornarmos mais interessante o nosso cotidiano mesmo. Em outras palavras, baixar as expectativas e aproveitar mais a beleza e a delícia das pequenas coisas, como um beijo roubado na escada rolante do shopping. Eu adoro essa imagem.

Um bom exercício para medir seu estágio atual é analisar seu índice individual de Felicidade Interna Bruta (FIB). Esse termo foi criado nos anos 1970 por um rei no Butão, e o Brasil até sediou há alguns anos a quinta conferência internacional sobre essa medida, que valoriza nove dimensões da felicidade humana, das quais destaco bem-estar psicológico, acesso à saúde e uso equilibrado do tempo. As outras são: vitalidade comunitária, educação, resiliência ecológica, cultura, governança e padrão de vida.

Que tal você analisar como está sua vida nessa escala de satisfação com a vida? Saiba que, segundo pesquisas, pessoas com um índice pessoal de FIB mais alto são as que se conhecem bem, encaram mudanças e negociam as próprias vontades. Faz todo o sentido. Você precisa saber o que quer, topar alterar o que não está bom e fazer as negociações necessárias (pois não vive numa ilha) para conseguir o resultado, que é elevar sua felicidade cuidando do seu psicológico, da sua saúde e de como aproveita seu tempo.

Quando eu decidi que meu ciclo de executiva na editora Abril estava acabando, pois já não gostava mais de estar ali dentro, tive de saber o que queria da vida naquele momento, encarei fortes mudanças e precisei negociar com minha família e com o RH da empresa a melhor forma de conduzir minha saída. Se eu fiquei feliz? Sim, o que não significa que tenha sido fácil a nova vida de empreendedora.

Difícil explicar, mas há tristeza, dores, inseguranças e outros sentimentos negativos dentro da felicidade de mudar de vida. No geral, sou feliz hoje por conviver mais horas com meu filho e poder escolher com quem quero realizar projetos, entre outras vantagens. Mesmo que tenha insônia às vezes, temendo não realizar palestras e outros trabalhos o suficiente para pagar as contas mensais.

Pensando nas mulheres em geral, a felicidade deveria vir no pacote das conquistas, certo? Só que pesquisas de gêneros indicam que estamos abrindo menos champanhes do que deveríamos. A fim de buscar respostas, alguns estudiosos levantaram a hipótese de que o nosso bem-estar está mais "complicado" comparado ao do homem porque desejamos mais coisas, incluímos diversos interesses na mesma jogada, ampliamos bastante o foco. Mas eu me nego a fechar a questão proclamando que "é mesmo difícil nos satisfazermos". Minha investigação particular aponta para uma causa: é porque falta algo. Não é independência financeira, não é estudo e nem status. É afeto.

Sem esse recheio, esse colchão de mola, esse tempero gostoso — seja lá como se queira chamar — sobra só casca, embalagem. Embora a mulher chegue longe, seja lá onde for, no mundo dos negócios e no clube dos diretores, se ela não tiver cultivado formas de trocar afeto, mais dificilmente será feliz. Se não tiver nenhum motivo para se afastar do computador do escritório e ir para casa, deverá ainda tornar a vida de sua equipe um inferno. Eu já assisti a essa cena, e sentia dó.

Digo que cada vez mais a carreira envolve, seduz, estimula e desafia a mulher, dominando sua energia, seus sonhos, seu tempo, seu coração. Mas, se ela focar somente nisso, poderá não chegar inteira lá na frente. Abrir mão de cultivar relações de afeto e "ser" só carreira, exclusivamente o que consta no cartão de visitas e no imposto de renda? Precisa ser assim? É um desafio para mim, para todas nós, descobrir formas de conciliar nossos vários papéis e possibilidades. Esse é o tom do momento para a mulher.

Um dos segredos para uma pessoa conciliar carreira e vida afetiva – repito – é saber o que quer. Você precisa encontrar a sua base. Se não sabe qual é, fica difícil. É a carreira e ponto final? Não tenho nada contra, desde que não fique se lamentando pelas perdas decorrentes dessa decisão. Desde que seja uma escolha consciente. Cuidado para não acordar aos 35, 40 anos dizendo que não fez nada na vida amorosa e se desesperar!

> "É um grande perigo enxergar a felicidade como se fosse uma cenoura que está sempre lá na frente, e a gente tivesse de seguir sofrendo hoje para agarrá-la apenas no futuro."

Conquistar muitas coisas, menos a felicidade, também pode sinalizar que está seguindo um caminho que talvez não seja o mais adequado à sua essência. Reflita também se não está feliz porque, sem perceber, vem perseguindo ideais dos outros? Será que é tão imprescindível morar num apartamento com varanda gourmet, ficar magra e seca como top model, ostentar um carro de parar o trânsito? Ou valoriza tudo isso porque está rodeada de gente que valoriza tais coisas? Qual é a sua verdade?

Minha sugestão é que continue suas conquistas de carreira, mas sem perder o seu lado sensível, equilibrado, cativante, emotivo. Enfim, sem perder a sua essência. As pessoas felizes costumam ser felizes não apenas com as conquistas materiais e profissionais mas também com seu par, com seus amigos, com seus filhos, com sua história pessoal. Estão sempre batalhando e tentando melhorar. Enfrentam obstáculos e problemas com autoconfiança, resiliência e curiosidade.

Tive um semestre puxado quando resolvi escrever meu primeiro livro, pois trabalhava na editora Abril durante o dia e avançava nos capítulos à noite e nos fins de semana. Quando concluí, ouvi do meu filho: “Eu pensei que você fosse ficar mais feliz quando terminasse o livro”.

Isso me encafifou. É claro que eu estava orgulhosa de mim mesma, mas também exausta. No fundo, não estourei champanhe porque minha cabeça já estava nos desafios e preocupações seguintes. A editora iria gostar? Qual o título que mais venderia? Meus amigos jornalistas me dariam uma força na divulgação? Quantas palestras eu conseguiria fazer?

Refletindo sobre o comentário do meu filho, percebi que tendo a comemorar timidamente cada vitória. Deve ser porque sou intensa, elétrica, prática (para não dizer um pouco ansiosa), e já me motivo com novos desafios. Sabendo disso, estou procurando curtir mais o presente, comemorar mais, especialmente com a minha família – e assim ter mais vezes pequenos momentos felizes.

CLAUDIO

Reconheço que, com tanta coisa nesse prato, talvez não seja mesmo tão fácil ser feliz. Providencialmente, a Joyce mostra, com muita propriedade, que é possível ser mulher e feliz ao mesmo tempo. Como não conheço tanto a alma feminina quanto ela, prefiro falar de felicidade de uma maneira mais conceitual e, por que não, citar o meu exemplo. Costumo dizer que sou a pessoa mais feliz que conheço. Posso admitir que existam muitas pessoas tão felizes quanto eu (e adoro encontrar com essas pessoas), mas não existe ninguém *mais* feliz do que eu. Nem sempre foi assim e vai ser um pouco dessa história que tomarei a liberdade de contar aqui.

O tema da felicidade, algo que às vezes parece tão inatingível, desafia nossas mentes há muito tempo. Não é de hoje que tem gente tentando defini-la. Por isso, nada melhor do que tentar explicar o que é felicidade por meio da filosofia. Como não sou especialista no tema, recorro ao filósofo, palestrante e professor da USP, Clóvis de Barros Filho, que define felicidade com muita simplicidade e clareza.

Segundo o professor, para entender o que é felicidade você precisa saber o que é tristeza. Mais do que isso: necessita entender que ela não depende dos caminhos e das escolhas que fazemos. Não existe mundo perfeito.

> "Independente do caminho que você escolher, vai viver todas as tristezas daquele caminho. Às vezes, temos a falsa impressão de que, se fizéssemos outra opção, tudo seria diferente e teríamos apenas alegrias. Acontece que não vivemos as tristezas daquilo que não escolhemos,

por isso somos levados a acreditar que, se optássemos pelo outro caminho, seríamos mais felizes."

É a tal história de solteiro invejar casado, e vice-versa, por olhar só as vantagens.

Mas... se a vida é marcada pelas tristezas, o que seria, então, a felicidade? Ainda de acordo com o professor Clóvis:

> "A felicidade é representada por aqueles momentos da vida que valem a pena ser vividos, que você não quer que acabem, quer prorrogá-los ao máximo e, se possível, repeti-los. São esses momentos que nos fazem querer tocar o barco adiante."

Levando em conta essa reflexão filosófica do professor, de que a tristeza vai rodear a nossa vida para sempre, eu retomaria o tema das nossas escolhas. Já que não podemos escapar das tristezas da vida, podemos ao menos tentar fazer aquelas escolhas que nos trazem mais momentos de felicidade. O norte para ser feliz passa pelo autoconhecimento, pelo ato de reconhecer quais são as coisas que nos realizam mais, que nos proporcionam mais momentos que "valem a pena ser vividos".

Vivi meus momentos de tristeza quando me mudei para Singapura. O desafio foi enorme. Costumo dizer que tinha tudo para dar errado. Como deu certo, acabou virando livro. Não foi fácil abrir mão da minha carreira profissional para virar dono de casa. Eu ficava absolutamente deprimido e me sentia um aposentado compulsório aos 38 anos. Sentia falta dos amigos e da família. Vivia uma solidão intelectual terrível e, para completar, me sentia completamente fora do "Clube do Bolinha".

Morria de vergonha de me apresentar como alguém que não trabalhava e "apenas" cuidava da casa e da minha filha.

Acho que é inerente ao ser humano essa coisa de ficar pensando naquilo que perdemos ou no que não temos. Como diria o professor Clóvis, eu passei um tempo vivendo somente as tristezas daquela minha escolha. Achava que se estivesse tocando a vida no Brasil, teria sido mais feliz. Por isso, não conseguia nem sequer perceber as tantas outras coisas que eu havia ganhado, como o aprendizado de viver numa outra cultura, a felicidade da minha família, a enorme proximidade com minha filha. Demorou, mas finalmente percebi que tanto ser feliz quanto ser triste eram escolhas que estavam na minha mão. Resolvi ser feliz.

Os meses passaram, eu já estava absolutamente convencido de que havia feito a coisa certa. Veio a ideia do livro contando essa história e, com ele, as portas se abriram para uma nova carreira, a de escritor e palestrante. Duas atividades que caíram como uma luva, pois na maior parte do tempo eu ainda poderia trabalhar de casa, o que me permitia seguir no plano original de apoiar a carreira da minha esposa e cuidar da minha filha. Acredite: não poderia haver alguém mais feliz nesse mundo. Eu voltava a ter uma ocupação profissional sem abandonar as coisas que me faziam bem.

Confesso que não compreendia como um cara que estava tão infeliz de repente poderia se definir como a pessoa mais feliz do mundo. Entrei numa neura horrível: será que virei um esquizofrênico? Será que tudo isso é fruto da minha imaginação? Aquele filme *Uma mente brilhante*, estrelado pelo ator Russell Crowe, sempre vinha à minha cabeça. Foi justamente num encontro com o professor Clóvis que me "libertei".

Fomos convidados a participar de um mesmo evento numa empresa, e minha palestra aconteceria logo depois da dele. O tema era felicidade e a palestra do professor seria justamente sobre como ela foi definida por famosos filósofos no decorrer da História.

O primeiro dos filósofos citados foi o grego Aristóteles. Ele dizia que, para ter uma vida bem-sucedida, uma pessoa precisa buscar a excelência dos seus talentos, usar da melhor maneira possível as suas habilidades. Um indivíduo, por exemplo, que tenha facilidade para explicar as coisas, mas nenhum talento para desenhar, certamente não será feliz como arquiteto, entretanto terá sucesso como professor.

Além disso, em 350 a.C., havia a certeza de que o universo era finito e ordenado, cada coisa tinha sua função e cumpria seu papel. Aristóteles, portanto, diria que, se a natureza deu talentos a você, ela espera que desempenhe atividades relacionadas a eles. Quando você descobre qual é o papel destinado a você no universo, aquilo que dá prazer, a vida passa a ter graça e *você é feliz.*

Pensando na mudança radical de executivo para dono de casa, é verdade que a natureza não me deu o dom de executar com perfeição os afazeres domésticos – embora eu tente fazer o meu melhor. Mas acredito que ela me deu o dom de ser um bom pai. Certamente, uso a plenitude das minhas habilidades quando cuido da minha filha. Cumprindo esse meu papel na natureza, sou muito realizado. E como recentemente pude adicionar ao meu cotidiano outras atividades que me dão prazer, como escrever e compartilhar minha história nas palestras, sou ainda mais feliz. Tive de concordar com Aristóteles...

O segundo pensador ilustre citado pelo professor Clóvis foi Jesus Cristo. Numa definição oposta à de Aristóteles, Jesus dizia que a felicidade não dependia da realização individual, mas da capacidade de amar o próximo e fazer a diferença para as pessoas à sua volta. Para Jesus, aqueles que se preocupavam mais com si mesmos, com os próprios ganhos, com o próprio sucesso, não entenderam o sentido da vida.

Se pensarmos nos sacrifícios que fazemos todos os dias para agradar as pessoas que estão à nossa volta, no quanto trabalhamos para garantir o sustento e uma vida melhor aos nossos familiares, nas noites em que passamos em claro com um filho ou um parente que padece de alguma doença, essa definição de felicidade faz todo sentido. A vida das pessoas que amamos é o que dá propósito à nossa própria vida.

Quando mudei para Singapura e deixei para trás tudo o que eu tinha construído antes – os meus parentes, os meus amigos –, não pensei em mais nada que não fosse o sucesso da carreira da minha esposa e o bem-estar da minha filha. Foi isso o que definiu minhas ações e as orientam até hoje. Jesus Cristo também explicava (e provavelmente abençoaria) o *Macho do século XXI*.

O professor Clóvis chegava a meados do ano de 1600. O homem descobre, embora com muito menos detalhes do que conhecemos hoje, que o universo é infinito e caótico. Como a Terra é um minúsculo ponto na imensidão, para o filósofo Baruch Espinoza, o homem como indivíduo não passaria de uma centelha de energia finita. Tudo no universo é energia, por isso, a melhor vida é aquela com o máximo de energia possível – que ele chama de "potência de agir". Esse filósofo cria o conceito de alegria, que é o ganho dessa potência de agir, a energia para viver. A felicidade, então, é identificar os nossos fatores de motivação e vivê-los com o máximo de energia possível.

Quando me convenci de que não poderia voltar a ter um emprego formal por um bom tempo, deixei a tristeza de lado e decidi que seria o melhor dono de casa do mundo e que zelaria pela minha filha como ninguém. Resolvi colocar o máximo de energia nesse objetivo. Também comecei a valorizar as pequenas conquistas do dia a dia.

Para um cara que não sabia fritar um ovo, aprender a cozinhar um pouquinho já é uma vitória. Poucas coisas me dão mais alegria do que ver a Luiza terminar uma refeição e dizer que sou o melhor cozinheiro do mundo (embora eu saiba que estou infinitamente longe disso). Espinoza também dizia muito a respeito da minha história...

Mas, de todos os conceitos que ouvi naquele dia, o que mais gostei foi justamente a definição de felicidade dada pelo próprio professor Clóvis:

> "Você pode ter instantes de felicidade vivendo em qualquer cidade, em qualquer emprego, em qualquer situação. Quando um instante de vida é feliz você quer estendê-lo ao máximo, torce para que dure um pouco mais, procura repetir outras vezes. Quando a vida é feliz, você não quer que a ela acabe."

Uma das situações que me fazem mais feliz é segurar na mão da minha filha; nos momentos em que recebo um beijo ou um sorriso dela. Ao refletir sobre essa definição de felicidade, chego à conclusão de que minha vida vale muito a pena ser vivida, pois na maioria das vezes posso repetir esses momentos sempre que eu quero.

Naquele evento, eu não somente havia tido uma lição de filosofia como pude reforçar minhas convicções. A maior delas talvez seja de que podemos ser felizes em qualquer escolha que fizermos, bastando que elas estejam de acordo com nossos valores e nossas motivações.

Feliz casamento com a carreira e com a vida pessoal!

E AGORA? Agora é com você. Melhorar sua balança "carreira e amor" depende só de você. Sem delírios de perfeição, ok? Equilíbrio possível, numa equação que seja boa para si e para os seus. O que os outros vão pensar é problema deles. Deixe as críticas e os palpites do lado de fora da porta ou delete das suas redes sociais.

A sociedade como um todo evoluiu. As mulheres evoluíram e ocupam cada vez mais espaços. Tal avanço permite o surgimento de um novo modelo familiar, com papéis invertidos na velha ordem tradicional. Em outras palavras, a mulher pode eventualmente assumir as "rédeas financeiras" do casal, enquanto o homem vai se ocupar mais da casa e dos filhos. Mas essa passa a ser apenas mais uma opção de modelo familiar – e não uma regra.

A vida do casal na horizontal, a criação dos filhos, a divisão das tarefas domésticas, a administração financeira da casa e dos planos, a definição clara dos objetivos individuais e em comum estão entre as questões cada vez mais presentes no dia a dia de um casal.

A certidão de casamento passa a dar lugar a um contrato não escrito, mas tão importante quanto, e que deve ser calibrado continuamente. Ele é dinâmico, apresenta surpresas que exigem reacordos. Afinal, todos nós evoluímos, ganhamos novas perspectivas e expectativas. Quem prestar atenção a isso certamente conseguirá fincar os pés dentro do século XXI.

Claro, o amor ainda é importante – e será o elo principal que vai nortear todas essas decisões. Mais do que nunca, nesse mundo complexo que habitamos, a chamada "inteligência emocional" não vale só para o trabalho, mas para o sucesso de uma relação e construção das famílias modernas.

Nós, autores deste livro, temos relacionamentos sólidos (de novo, isso é diferente de perfeito) há mais de dez anos. E investimos continuamente para que continuem assim. Em ambas as casas, habitam mulheres que são bem-sucedidas profissionalmente, assim como existe boa companhia para tomar um vinho no sábado à noite e para fazer um rodízio quanto às tarefas domésticas. Também há problemas, que são colocados à mesa para que surjam soluções melhores e compartilhadas.

Vale a pena tentar ser feliz no amor e na carreira, encontrando uma maneira própria de se relacionar. Não há fórmula única. O importante é se abrir a buscar um modelo novo de relação amorosa que sirva a você e ao seu parceiro. Abrimos nossa casa e nossas experiências para que sirvam de inspiração.

Homens e mulheres têm direito a uma vida familiar saudável e, principalmente, a uma carreira de sucesso. E devem se sentir livres para moldarem o seu próprio modelo de relacionamento. E, assim, inspirarem outros homens e mulheres corajosos o suficiente para ambicionarem uma felicidade mais ampla, com novos propósitos.

Feliz casamento com a carreira e com a vida pessoal para você!

Equipe editorial: Lourdes Magalhães e Larissa Caldin
Preparação de texto: Project Nine
Revisão: Lindsay Gois
Capa, Projeto gráfico e Diagramação: Larissa Caldin

Dados Internacionais de Catalogação na Publicação (CIP)
(Câmara Brasileira do Livro, SP, Brasil)

Moysés, Joyce
Mulheres modernas, dilemas modernos : e como os homens podem participar (de verdade) / Joyce Moysés, Claudio Henrique dos Santos. --
São Paulo : Primavera Editorial, 2016.

ISBN 978-85-5578-010-3

1. Ambiente de trabalho 2. Comunicação em organização 3. Discriminação no trabalho 4. Homens - Atitudes 5. Mulheres - Atitudes 6. Relações interpessoais I. Santos, Claudio Henrique dos.
II. Título.

16-01292 CDD-658.3145

Índices para catálogo sistemático:

1. Relacionamento no ambiente de trabalho :
Homem-mulher : Relações interpessoais
658.3145

PRIMAVERA
EDITORIAL
Av. Queiroz Filho, 1700 Vila B 37
05319-000 – São Paulo – SP
Telefone: (55 11) 3031-5957
www.primaveraeditorial.com
contato@primaveraeditorial.com

Mulheres modernas, dilemas modernos
foi impresso pela Colorsystem
para Primavera Editorial
em março de 2016

Fontes: Linux Libertine; Litos Script